# DESpropósito

# DESpropósito

Por qué la corrección política en el mundo
de la empresa amenaza el progreso

**JUAN IGNACIO EYZAGUIRRE**

**G**2000

© Juan Ignacio Eyzaguirre, 2024


© Centro de Libros PAPF, SLU., 2024
Gestión 2000 es un sello editorial de Centro de Libros PAPF, SLU.
Av. Diagonal, 662-664
08034 Barcelona
www.planetadelibros.com


Primera edición: marzo de 2024
Depósito legal: B. 1.652-2024
ISBN: 978-84-9875-568-8
Composición: Realización Planeta
Impresión y encuadernación: Huertas Industrias Gráficas, S. A.
*Printed in Spain* - Impreso en España

*A Cecilia*

Cuando me retire de la compañía, me gustaría haber agregado valor para los accionistas, pero también haber hecho lo correcto como ciudadano.

Ben van Beurden, CEO de Shell
*Financial Times*, julio de 2022

Los mayores peligros para la libertad derivan de la invasión insidiosa de hombres prestos a la acción, bienintencionados pero faltos de entendimiento.

Louis Brandeis, juez
Dictamen en Olmstead versus Estados Unidos, 1928

Trabajar duro con el fin de producir bienes y servicios para nuestros compañeros humanos es profundamente bueno desde el punto de vista moral.

Elon Musk, empresario
X (antes Twitter), 17 de marzo de 2022

# Sumario

# Prólogo

La negligencia y el derroche, por tanto, siempre prevalecerán, más o menos, en la administración de las materias de una compañía de ese tipo.

ADAM SMITH, *La riqueza de las naciones*

El texto de Juan Ignacio Eyzaguirre me trajo a la memoria un tema que, en mi primer año en el programa de MBA de Booth —entonces se llamaba Chicago GSB—, mi profesor de finanzas, Gene Fama, nos incluyó en su asignatura. La lista de lecturas contenía un *working paper* en el que estaba trabajando con Michael Jensen. Cuando un par de años después éste se publicó, lo hizo bajo el título *Separación de propiedad y control*.[1] El trabajo postula que la supervivencia de las organizaciones en que los administradores no sufren directamente sobre su patrimonio los efectos de sus decisiones depende del control adecuado de los costes de agencia. Aquellas que sobrevivían habían separado adecuadamente en su estructura contractual la

1. Fama, Eugene F., y Jensen, Michael C., «Separation of Ownership and Control», *The Journal of Laf & Economics*, 26 (2) (1983), pp. 301-325.

ratificación y monitoreo de las decisiones de su origen e implementación.

Se podría decir que no hubo nada nuevo bajo el sol en este tema. Como el presente libro nos recuerda, Adam Smith en *La riqueza de las naciones* manifiesta una clara desconfianza por las sociedades anónimas, al argüir que no se puede esperar que los directores de estas compañías, siendo los administradores del dinero de otras personas y no del propio, lo cuiden con la misma vigilancia ansiosa con que los socios de una sociedad de personas frecuentemente cuidan el suyo. Su crítica a esta forma de organizar el emprendimiento, más que de la moral, venía de la observación empírica, ya que estas sociedades mostraban, según Smith, una mala capacidad de supervivencia, debido esencialmente a los costes de agencia.[2]

Éstos constituyen los problemas que se generan cuando se delega la administración de una compañía a terceros no dueños. Se trata de un asunto ampliamente tratado por la academia, donde un trabajo de Jensen y Meckling de 1976 es su referencia más habitual.[3] Su tesis central es que, cuando los accionistas de una compañía contratan a terceros para que la administren, los escogidos para esa misión no lo harían intentando maximizar el valor de la empresa, sino el propio, no sincronizando así los objetivos de los accionistas con los de los administradores.

Los costes de agencia derribarían el tan mentado postulado de Milton Friedman acerca del propósito (social) de la empresa, según el cual ésta debe «usar sus recursos y desarrollar sus actividades para hacer crecer sus ganancias, siempre dentro de las reglas del juego, en competencia y sin decepción o fraude». La desviación del propósito provendría no del egoísmo o falta de responsabilidad social del capitalista, sino más bien de la imposi-

2. Anderson, Gary M., y Tollison, Robert D., «Adam Smith´s Analysis of Joint-Stock Companies», *Journal of Political Economy*, 90 (6) (1982), pp. 1237-1256.

3. Jensen, M. C., y Meckling, W. H., «Theory of the Firm: Managerial Behavior Agency Costs and Ownership Structure», *Journal of Financial Economics*, 3 (1976), pp. 305-360.

bilidad de hacer que el agente que administra cumpla con su contrato. Serían los objetivos de la administración, y no los de los accionistas, los que guiarían las decisiones de la empresa.

«¡Si me lo quitas, me matas; si me lo dejas, me muero!», dice la estrofa de un poema de Rubén Darío, que nos recuerda que las cosas —el amor, en su caso— tienen a veces un sabor dulce y agraz. Que un sistema suponga costes (de agencia) no debe impedir que veamos también sus beneficios. Alfred Chandler, en su libro ganador del Pulitzer, *The Visible Hand*, plantea que fue precisamente el desarrollo que tuvieron las grandes corporaciones y sus administradores, entre 1850 y 1920, lo que dio forma al capitalismo moderno y a todo el crecimiento económico que trajo consigo.

Para algunos, la sociedad anónima fue el invento más importante del segundo milenio, debido a que permitió juntar enormes cantidades de recursos detrás de grandes proyectos, accediendo así a economías de escala y ahorro de gastos, y posibilitando la especialización del trabajo. Todo esto hizo que los inversores pudieran simultáneamente mantener carteras diversificadas.

El hecho es que la división entre propiedad y control trae consigo costes de agencia que hay que administrar para poder obtener los beneficios de desarrollar grandes proyectos y emprendimientos. En el corazón de la definición del mandato de administración de sus recursos a un tercero, los dueños deben concordar con éste la estrategia del emprendimiento, cuyo punto de partida es la definición del objetivo de la empresa, su propósito. Sin él no se puede siquiera empezar a avanzar. Esta materia prima básica debe acompañarse del conjunto de restricciones dentro de las cuales se buscará alcanzar dicho propósito. Eso es lo que hace Friedman cuando menciona el respeto a las reglas del juego y es también, en cierta forma, lo que pretenden las reglas acerca de la responsabilidad social de la empresa (RSE o CSR por su acrónimo en inglés), que ha evolucionado con el tiempo a los criterios ESG (*environmental, social and governance*, en inglés) en una mirada más integral de todos los asuntos ambientales, sociales y de gobierno de una compañía.

Sin embargo, las normas de ESG pueden también ser escenario de la disputa por los costes de agencia si es que se abusa de lo que aparece como políticamente correcto en esta materia con el fin de distraer a los accionistas —los *stakeholders* con el poder de cambiar la administración—, escondiendo un mal desempeño detrás de la complejidad. Con ello se puede transformar aquello que debiera ser simple de evaluar en términos de gestión en una mera opinión con muchas dimensiones y, por tanto, sin un objetivo claro; algo como lo que Jonathan Haidt llamaría un problema difícil (*wicked*).

El libro de Juan Ignacio Eyzaguirre precisamente nos presenta un gran número de ejemplos donde la disputa por estos costes de agencia se despliega en diferentes dimensiones. Desde la historia del abolicionista de la esclavitud John Brown hasta el caso del litigante Roger Cox, que las emprende contra Shell, el texto contiene una colección de casos concretos que retratan cómo la demanda para que la empresa se involucre en dar solución a los problemas de la sociedad se instala en el imaginario colectivo.

Victor Hugo, a propósito de la Revolución francesa, afirmó: «Nadie puede resistirse a una idea a la que le ha llegado su tiempo». Ése parece ser el caso de la responsabilidad social de la empresa. Las demandas que trae consigo ya se han instalado en el quehacer de las compañías, para bien en muchos sentidos, y para mal también en otros. Algunos sostienen que ello obedece, en parte, a la incapacidad de los Estados y de la política de resolver los problemas de las personas, algo que difícilmente va a cambiar. Sin embargo, la captura y utilización de estos temas como parte de la política corporativa de las empresas en búsqueda del aumento del apoyo, la simpatía y poder de sus administradores es un problema que también comienza a debatirse. Desde el *greenwashing* a la disputa mencionada en este libro entre el gobernador de Florida Ron DeSantis y el CEO de Disney Bob Chapek, hay muchos otros ejemplos que dan cuenta de esta confrontación.

Desde la perspectiva de mi experiencia como director de sociedades anónimas en dos continentes durante más de treinta y cinco años, quiero enfatizar al respecto al menos dos puntos. En primer lugar, que la importancia que E. Fama y Jensen le daban a separar la implementación y el monitoreo en la gobernanza de las compañías es efectivamente clave para su subsistencia. Y, en segunda instancia, que el ocuparse de las carencias y preocupaciones de la comunidad, más allá de lo que la sola definición del producto o servicio que se suministra indicaría, es algo que también se ha insertado en la lista de los ingredientes necesarios para sobrevivir en el mundo de las empresas.

El menú de temas dentro de la «carpeta» ESG incluye tópicos tan variados como alzas de precios por encima de lo considerado «justo», los derechos de las minorías LGBT, de la naturaleza y los animales, el cambio climático, las brechas de compensación entre los altos ejecutivos y los empleados, la desigualdad entre los *haves and have nots*, la equidad de género, los derechos de propiedad intelectual, la competencia o falta de ésta, la amenaza de la globalización, la información privilegiada, la seguridad en el trabajo, la vejez, etcétera. En pocas palabras, todos nuestros temores, los miedos que nos agobian y de los que un Estado lejano no nos puede proteger. Y lo que demandamos es que ellos sean resueltos por las empresas que sí tenemos cerca.

Para aquel que simplemente quiere emprender un proyecto desde el garaje de su casa, soñando que será la próxima Apple, la lista resulta agobiante. Al principio la debe ver sólo como una amenaza eventual. Sin embargo, con el correr de los años y a medida que la empresa crece y se separa de la administración de la propiedad, la manera convencional de definir la propiedad privada de los medios de producción comienza a parecer obsoleta. Este libro a lo que nos invita es precisamente a plantearnos la pregunta de cómo seguir en la búsqueda de la respuesta acerca del fin último de la empresa: ¿es acaso suficiente decir que su propósito es conducir los negocios de manera sostenible y ética siempre cumpliendo con las normas para asegurar su éxito y hacer crecer su valor a largo plazo? Te invito a recorrer sus páginas para encontrar la respuesta.

FRANCISCO PÉREZ MACKENNA,
gerente general de Quiñenco

# Introducción

El mundo de la empresa se ha vuelto confuso. Muy confuso y complejo. Hoy existen más dudas que certezas sobre el rol y el sentido empresarial. Aquellos tiempos en que a los gerentes se les pedía únicamente gestionar eficientemente los recursos de sus compañías, hacerlas crecer y maximizar sus ganancias suenan de otra época. A veces pareciera que ser ejecutivos, empresarios o emprendedores se ha vuelto más difícil que ser político.

En la actualidad, la sociedad espera más de las empresas y de sus liderazgos. Con la profunda pérdida de confianza en las instituciones, la sociedad está buscando nuevos líderes. La globalización ha erosionado el poder de los políticos y reforzado el de las empresas. De ahí que las expectativas sobre ellas también hayan aumentado. Se han levantado voces llamando a que cada empresa defina un propósito, se mida y se comprometa con objetivos ambientales, sociales y de gobierno, los llamados compromisos ESG, intentando una delicada armonía para equilibrar las demandas de sus clientes, empleados y proveedores, y de la comunidad en general, junto con el deber que tienen hacia sus dueños y accionistas.

Cuando no es suficiente que los directivos manejen sus empresas con eficiencia, se espera que sean reales agentes de cambio, para lo cual necesitan la legitimidad social que les permita operar en esa dirección. Cada día con mayor frecuencia, los máximos ejecutivos de las compañías sienten presiones por opinar sobre ciertos temas como las políticas de género o raciales, el aborto, el cambio climático, los derechos de las comunidades LGBT o incluso conflictos internacionales, enfrentándose a políticos e inversores. Los primeros, al ver otros liderazgos entrometerse en sus áreas y, los segundos, al observar cómo algunos gerentes pierden de vista el objetivo de maximizar el beneficio de sus inversiones. Al mismo tiempo, la lista de gerentes generales despedidos por escándalos en su reputación va en aumento. Y a veces protegerla también implica intentar ser el bueno de la película, o al menos evitar a toda costa pasar a ser el villano de turno.

Pero este fenómeno no se ha confinado sólo a consejos de administración y salas de dirección. También han aparecido representantes de los accionistas levantando la voz por temas que les son tradicionalmente ajenos. Hemos visto inversores reclamando auditorías a las políticas de diversidad racial de empresas. Grandes fondos de pensiones han comenzado a votar en contra de paquetes de compensación para los principales gerentes y a apoyar mociones para forzar a la empresa a implementar mayores compromisos en el ámbito del medioambiente.

Activistas medioambientales han demandado en tribunales de justicia a gigantescas empresas provocando verdaderos terremotos corporativos. Uno de los casos más emblemáticos y recientes ha sido el de la Royal Dutch Shell, la mayor empresa de Europa, que en un momento de quiebre ha decidido llevar la residencia de sus oficinas centrales de Holanda al Reino Unido y modificar su nombre, e incluso ha recibido ataques por dividirse en múltiples empresas para salvar las exigencias, muchas veces contradictorias, que inversores, empleados, sindicatos, clientes, tribunales, gobiernos y la Unión Europea le pretenden imponer. No es posible para los empresarios y dueños de las compañías intentar quedar bien con todos al mismo tiempo.

Con grandes esfuerzos, la empresa está tratando de adaptarse a estos cambios de la sociedad. Su rol se enmarca en el ordenamiento político que define el actuar del Estado, del sistema económico y de las instituciones sociales, como la familia y la comunidad.

El mundo ha cambiado de escala. Desde la *polis* griega que limitaba rigurosamente las relaciones a escala humana, la expansión de la globalización y el desarrollo de megaciudades ha borrado esos límites por completo. El escalofriante crecimiento de los Estados durante el siglo xx ha venido atado al ingente tamaño de las empresas. En forma paralela se han debilitado la comunidad, la familia y la sociedad civil. Una creciente soledad asola a individuos cuyas vidas anhelan un sentido. El mundo se ha globalizado, pero las personas estamos más solas y desamparadas, buscando una identidad en una modernidad en la que se han erosionado las fuentes habituales de sentido, como la familia, la religión, las tradiciones nacionales y las grandes ideologías.

En este nuevo escenario, las empresas también están siendo llamadas a llenar esos vacíos. Las nuevas generaciones buscan cada vez más en sus trabajos un sentimiento de pertenencia e identidad que no encuentran en otras instituciones.

A su vez, las nuevas demandas sociales hacia la empresa y sus directivos exigen respuestas y acciones, produciendo potenciales conflictos entre salvaguardar la propiedad de los accionistas y dar satisfacción a esas pretensiones.

Directores y ejecutivos están paralizados ante el temor de no hacer lo políticamente correcto y de tener que decidir entre blanco o negro porque finalmente la emoción parece haberle ganado a la razón. Esta tendencia se observa especialmente en las redes sociales, cuyas dinámicas han desembocado en un escenario donde existe terror de ser, o parecer, el villano de la película.

Definir el rol de la empresa en la sociedad es fundamental. A la hora de intentar una definición, la empresa es una institución creada para articular capitales y personas con el objetivo de producir bienes y servicios requeridos por la gente.

Las empresas han sido la fuente más importante de innovación y progreso para la humanidad, aunque son frágiles, pues deben sobrevivir en un ambiente muy competitivo dando paso a un proceso de creación destructiva. La globalización las ha puesto a prueba en una escala mundial, acentuando aún más el desarrollo de eficiencias de la creación destructiva, proceso que empuja el progreso, pero que deja atrás grupos desplazados. Mientras algunas empresas fracasan y desaparecen, otras nuevas se levantan. Esa creación destructiva constituye la base del progreso económico. Y es precisamente ahí donde radica la necesidad de rescatar el valor de la empresa como motor esencial de desarrollo de la sociedad.

Hasta no hace mucho tiempo, el consenso predominante favorecía un clima en el que la maximización de ganancias en el marco de un Estado de derecho era suficiente. Ese empuje empresarial generó un enorme progreso mundial en las últimas décadas y sacó de la pobreza a miles de millones de personas, especialmente en países en vías de desarrollo. Las últimas décadas de globalización hicieron converger a los países al levantar a muchos que habían quedado relegados, reduciendo drásticamente la pobreza. Entre los principales ganadores apareció China y su impactante progreso económico. Sin embargo, la globalización también generó perdedores, principalmente entre aquellos menos calificados en los países desarrollados, cuyos empleos competían con los de otros trabajadores en países en vías de desarrollo. Las frustraciones de esos grupos se han cristalizado en el terreno político y obligado a nuevas definiciones en los más diversos ámbitos, y la empresa es uno de ellos.

Sobre el advenimiento de un nuevo orden político-social se cierne el peligro de las soluciones dogmáticas. ¿A quién le corresponde decidir cuál es el objetivo último de la empresa? ¿Es tarea de consejos de administración, ejecutivos, representantes de accionistas —intermediarios que administran los fondos— o de la propia sociedad?

Antes, la administración de las empresas estaba en manos de sus propios dueños. Sus transacciones se basaban en la confianza directa entre las personas y no había conflictos entre las prioridades de las compañías y el mandato de sus propietarios. Pero el auge de la gran empresa basada en la notable creación de la sociedad de responsabilidad limitada, que permite aunar grandes cantidades de capital y personas, ha separado la propiedad de la administración, creando las bases para preguntarnos cuál debiese ser el rol de la empresa y a quién le corresponde decidirlo.

El advenimiento del mundo moderno ha provocado relevantes cambios, transformando el gobierno corporativo de las grandes compañías. La corporación, por su anglicismo, reúne múltiples accionistas y define ciertas responsabilidades entre accionistas, consejo de administración y cuerpo ejecutivo. Sin embargo, el tipo de controlador es quien define el gobierno corporativo y, en último término, la forma de actuar de una determinada compañía. Es distinto cuando los accionistas están atomizados sin una voz clara a cuando un grupo familiar o un fondo de capital privado representa sus intereses, o cuando un Estado es el principal propietario. En otras palabras, la manera en que se articulan las responsabilidades, decisiones y jerarquía entre propietarios, representantes de los accionistas, directores y ejecutivos varía según sea la estructura de propiedad de las grandes compañías.

Por otra parte, el crecimiento de los administradores de fondos ha distanciado a la gente común y corriente de las empresas porque la inversión se da a través de fondos mutuos, fondos pasivos o fondos de pensiones. Otros eran los tiempos en que los principales accionistas eran personas de a pie, que esperaban sus dividendos y seguían de cerca las operaciones de las empresas a las que habían confiado sus ahorros. Esa distancia hoy se traduce en que partes relevantes de la población afectadas por el debate del rol de la empresa no se sienten necesariamente compelidas a participar, pues no alcanzan a distinguir cómo impacta su patrimonio y las expectativas de beneficios futuros, creando otra barrera de intermediación entre las empresas y sus propietarios últimos.

Las economías de escala de fondos de pensiones y de fondos «pasivos» han creado las bases para altas concentraciones en la administración de capitales, las cuales han pasado a detentar un poder relevante en las cada vez más conflictivas juntas de accionistas, lugar donde muchas iniciativas se pelean voto a voto. Su influencia sobre el sentido empresarial, en general, y sobre temas de sostenibilidad y climáticos, en particular, puede afectar profundamente el funcionamiento del sistema empresarial. Han sido varios de estos grandes administradores de capitales quienes, ya sea por convicción, interés o temor, han levantado demandas asociadas a los estándares medioambientales, sociales y de gobierno (ESG) y a imposiciones morales sobre el rol empresarial.

Es justamente el conflicto de intereses entre los propietarios últimos del capital, las personas, y sus administradores —ya sean administradores de capitales, consejos o ejecutivos— lo que motiva el gran debate sobre el rol de la empresa.

La gran pregunta es: ¿cuáles son las responsabilidades que hoy deben asumir las compañías? ¿Corresponde atribuirles toda la gama de obligaciones que algunos les señalan? ¿Hasta qué punto deben inmiscuirse más allá de su función principal: producir bienes y servicios requeridos por la sociedad? Más aún, ¿quién decide la respuesta: gerentes y consejos, administradores de fondos, accionistas, tribunales de justicia o gobiernos? ¿Y cuáles son las consecuencias de las distintas miradas sobre el funcionamiento del sistema empresarial, engranaje fundamental de la creación destructiva que ha traído progreso al mundo?

Ante la compleja pregunta sobre el rol de la empresa, no hay una respuesta unívoca, no sólo porque resulta esquiva sino también porque es parte de la discusión sobre modelos alternativos del capitalismo que enfrentamos en el siglo XXI. Lo que ofrecen estas páginas son múltiples referencias a casos, autores, libros y artículos sobre los cuales se fundamentan las bases intelectuales para este trabajo y que pueden servir de guía para la reflexión de los lectores en su propia búsqueda de respuestas.

Este libro es un esfuerzo por poner en evidencia algunas de las tensiones, disyuntivas y preguntas que aquejan a la sociedad cuya evolución tendrá un efecto profundo en el futuro que estamos construyendo.

La primera parte intenta describir, por medio de ejemplos, relatos, narrativas e ideas, lo que vive el mundo empresarial. La segunda parte es un esfuerzo para entender cómo hemos llegado a esta situación, a través de una mirada histórica del escenario en el que se enmarca esta discusión. En otras palabras, cómo ha cambiado el entorno político, económico y social de la empresa, cómo ha evolucionado la figura de gerentes y directores, para finalmente reflexionar sobre el impacto de los cambios en el mercado de capitales y las formas en que se articulan la propiedad y la administración.

Veremos que en la búsqueda del sentido empresarial es necesario dar libertad a cada una de las empresas para que definan su rol, su sentido y su propósito. En un entorno cada vez más confuso y complejo, sólo la diversidad de propuestas del sentido de la empresa promoverá la mejor adaptación del sistema empresarial a los profundos cambios que experimenta el mundo. Al ser explícita su decisión, atraerán diferentes capitales, empleados, vecinos y clientes, conformando un tipo propio de empresa. Y en esa competencia se dará un mercado por el rol de la empresa, bajo el cual la competencia y adaptación a las nuevas circunstancias dejará ganadores y perdedores.

En esa competencia por el rol y sentido de las compañías será donde se asegurará y fortalecerá el sistema empresarial como pilar fundamental para el progreso de la sociedad. La mejor respuesta a quienes pretendan imponer una mirada única es sentar las bases para un debate informado de la sociedad, de los liderazgos empresariales y de los articuladores de las instituciones políticas. E incentivar ese debate es justamente el propósito de este libro.

# 1

## ¿Qué está pasando?

### 1.1. El caso de Shell

Roger Cox es un holandés poco conocido más allá de su tierra natal. Radicado en la pequeña ciudad de Maastricht, ubicada sobre el río Mosa entre Bélgica y Alemania, participa como abogado en una práctica privada especializada en temas inmobiliarios y de transporte. En mayo de 2021, este litigante apasionado por el medioambiente logró doblegar a Royal Dutch Shell, poniendo en jaque su modelo de negocio y estremeciendo a los gigantes del mundo empresarial.

En la actualidad, Shell no sólo es la empresa más grande de Europa, sino también una de las más respetadas. Sus operaciones se extienden a más de setenta países y sus ventas superan el producto interno bruto (PIB) de ciento cincuenta Estados. En el siglo XX, sus operaciones alimentaron gran parte del crecimiento sin precedentes que experimentó el mundo. Sus ingenieros le han ganado terreno a la naturaleza conquistando lugares inexplorados para explotar yacimientos de petróleo y gas, refinando y transportando sus productos hacia los rincones de un planeta hambriento de energía.

Entre las petroleras más grandes, ha sido pionera anunciando esfuerzos para reducir el impacto medioambiental de su producción. En 2020, se comprometió a reducir en un 20 por ciento sus emisiones correspondientes a sus operaciones en 2030, en un 45 por ciento en 2035 y en un cien por cien en 2050, mientras avanzaba con sus inversiones para la transición energética.

Sin embargo, para Roger Cox estos compromisos no fueron suficientes. En 2011 había publicado su tesis arguyendo que, dada la incompetencia de los gobiernos para regular la emisión de gases invernadero, los tribunales de justicia se transformarán en la mejor esperanza para salvar al mundo de una catástrofe medioambiental. Su victoria sobre un gigante como Shell sería emblemática en su cruzada.

Su argumento es que Shell constituye un peligro para la humanidad al no sumarse completamente a los objetivos del Acuerdo de París —tratado internacional sobre el cambio climático jurídicamente vinculante—. Desde su perspectiva, las empresas tendrían el deber de diligencia y la responsabilidad de proteger los derechos humanos, incluso si los Estados hacen poco o nada al respecto. Y no actuar contra el cambio climático sería, en palabras de Cox, la mayor violación de derechos humanos de la historia. Parte de su tesis se basó en el compromiso suscrito en el Acuerdo Marco de las Naciones Unidas en 1992 por 165 naciones para mantener los gases invernadero controlados por debajo de niveles peligrosos. Y luego, en el Acuerdo de París firmado en 2015 en la Conferencia de las Naciones Unidas sobre el Cambio Climático, COP21, en el que 195 naciones comprometieron su esfuerzo para limitar un aumento de temperatura de 1,5 grados Celsius a nivel global, para lo cual habría que reducir las emisiones un 45 por ciento en 2030.

En una sentencia que sacudió el *statu quo* empresarial, una corte del distrito de La Haya falló a favor de la postura de Cox, obligando a Shell a reducir sus emisiones directas e indirectas —es decir, las de sus operaciones y también las de sus productos— en un 45 por ciento en 2030. Esto implicaría que esta megaempresa debiese disminuir aceleradamente sus negocios de explotación y venta de petróleo y gas.

Shell apeló a un tribunal superior ofreciendo una mayor reducción de emisiones directas a la impuesta por el tribunal —la mitad en 2030 y neutralidad en carbono en 2050— pero cuestionando la reducción indirecta, es decir, la de sus productos, sosteniendo que no se le puede responsabilizar por satisfacer la demanda de gas y petróleo existente.

Mientras Shell aún preparaba su respuesta al golpe en La Haya, ABP, uno de los principales fondos de pensiones holandés, anunció que se desharía de sus posiciones en la industria del petróleo, incluida una muy significativa en Royal Dutch Shell. El comunicado estremeció a la compañía, pues no sólo uno de sus más importantes inversores a largo plazo la abandonaba públicamente en un momento de debilidad, sino que se daba una voltereta en el aire, porque pocos meses antes había defendido sus inversiones en energías fósiles alegando que «desinvertir no era la solución al calentamiento global».

Cuando la situación parecía no poder complicarse más, a Royal Dutch Shell se le abrió otro frente de batalla. Esta vez fue Third Point, el agresivo fondo activista de Daniel Loeb, quien exigía dividir la histórica compañía angloholandesa en dos o más partes. Su justificación: no se puede satisfacer a todo el mundo. Para Loeb, Shell estaría tratando de quedar bien con todos en el contexto de la transición energética, lo que a sus ojos sería imposible.

Si bien las fuerzas ecologistas han ganado terreno al exigir compromisos ambientales presionando la reducción de los negocios de energías fósiles, otras instituciones europeas piden a Shell que fortalezca sus operaciones para mitigar las alzas en el coste de la energía y la creciente dependencia del gas y el petróleo de Rusia y Arabia Saudita. Esta postura pone en riesgo la agenda medioambiental de Bruselas y la posición geopolítica europea, pues la invasión rusa sobre Ucrania ha dejado en evidencia la fragilidad energética de Europa, por su alta dependencia de gas y petróleo.

Según Third Point, empresas como Shell están siendo tironeadas en múltiples direcciones, deprimiendo de paso el precio de su acción, pues su estrategia busca satisfacer al mismo tiempo, y sin éxito, a variopintos grupos de inversores y grupos de interés.

La proposición de Daniel Loeb fue separar por un lado las operaciones petroleras que maximicen los beneficios y dividendos, ateniéndose de forma transparente a los compromisos medioambientales que sus inversores le pidan. Y, por otro, escindir las operaciones para la transición energética que contengan las reservas de gas natural capaces de financiar grandes planes de inversión en energías renovables, la conversión de las estaciones de carga para vehículos eléctricos y cuanto proyecto verde tengan en su cartera. Así, los inversores con una orientación medioambiental podrán poner su capital a trabajar en la transición energética, mientras aquellos más escépticos frente al cambio climático podrán invertir en los negocios históricos de Shell.

En medio de este entuerto, vale preguntarse: ¿cuál es el propósito de Shell, producir energía para un mundo hambriento de ella o poner sus recursos y capitales a trabajar en contra del cambio climático? ¿A quién le corresponde decidir el dilema: a sus accionistas, a su consejo y gerentes, a los gobiernos que firman acuerdos internacionales o a los tribunales de justicia?

El consejo de administración y los directivos de esta multinacional rechazaron las propuestas de Third Point aduciendo que difícilmente agregarían valor a largo plazo y que romper la empresa en partes es complejísimo debido a la integración que Shell ha conseguido tras décadas de buscar la eficiencia en sus costes. Sin embargo, los embates de estos agresivos inversores activistas no se neutralizan fácilmente.

En el fragor del conflicto, el gerente general de Royal Dutch Shell, Ben van Beurden, anunció que su compañía dejaría La Haya, Holanda, como residencia de sus oficinas centrales para radicarse en Londres, Inglaterra, eliminando de su nombre el «Royal Dutch» y pasando a llamarse simplemente «Shell». Una decisión brutal para la historia centenaria de esta empresa angloholandesa, cuyo origen fue la fusión en 1907 de la Royal Dutch Petroleum Company y la británica Shell Transport and Trading Company, lo que dio paso a un gigante que desafió a la American Standard Oil de Estados Unidos y se convirtió, en su momento, en el mayor productor de petróleo del mundo.

Cambiar la residencia de una multinacional es una medida muy agresiva. Una afrenta directa a un país y, en este caso, a la Unión Europea, al privilegiar al Reino Unido tras el Brexit. Pero múltiples razones justificarían tal medida. Entre ellas, la gerencia arguyó ineficiencias tributarias en la recompra de acciones de una empresa residente en La Haya pero listada en Londres y Ámsterdam, haciendo caso omiso a los esfuerzos del gobierno holandés por cambiar la ley para retener en su territorio a la compañía más grande de la Eurozona.

Para colmo de males, la invasión de Vladímir Putin a Ucrania en febrero de 2022 golpeó a Shell por otros frentes. Europa encaró la disyuntiva de optar entre su gran necesidad de gas y petróleo ante la amenaza rusa de cortar el suministro o decidir incluir las compras de hidrocarburos entre las sanciones comerciales aplicadas a Rusia. Al mismo tiempo, Shell, como muchas de sus competidoras energéticas, tenía inversiones en Rusia. A pocos días del inicio de la guerra, múltiples compañías anunciaron el cierre de sus operaciones o la venta de sus posiciones. Shell, entre ellas, contaba con una exposición relevante en proyectos con Gazprom, una de las gigantes empresas de hidrocarburos estatales rusas, obligándola a crear una reserva contable de pérdidas de hasta 5.000 millones de dólares. No es tanto si se la compara con las de British Petroleum, BP, que para deshacerse del 20 por ciento en Rosneft, otra petrolera rusa, podría alcanzar pérdidas de hasta 25.000 millones de dólares. Sin embargo, estas salidas también tienen costes para Putin, pues no contará con las tecnologías desarrolladas por estas empresas para explorar y explotar las riquezas de Rusia.

La guerra de Ucrania hizo más compleja la disyuntiva medioambiental para Shell y las petroleras occidentales. ¿Acaso deberían reducir su producción para mitigar el cambio climático o aumentarla para mitigar la dependencia occidental del petróleo y el gas rusos, debilitando así a Putin y a sus ambiciones por conquistar Ucrania y fortaleciendo la posición de las democracias liberales occidentales?

Las tensiones y conflictos del caso de Shell ilustran muchos de los fenómenos que están cambiando paradigmas del mundo empresarial. La prevalencia de ejemplos similares es relevante: Total Energies ha sido demandada en Francia por causas equivalentes a las de Shell. El grupo ambientalista tras Roger Cox amenazó a treinta multinacionales —entre ellas BP, ExxonMobil, ABN Amro, ING, Unilever, Vitol y KLM— con demandas similares a la de Shell si no mejoraban sus compromisos medioambientales. El pequeño pero elocuente inversor Engine No. 1 logró sentarse en el consejo de administración de ExxonMobil mediante ataques a sus tímidos esfuerzos medioambientales. Volkswagen ha sido demandada por Greenpeace para que termine con la producción de vehículos de combustión interna y reduzca sus emisiones en 2030, mientras BMW y Mercedes-Benz enfrentan casos similares. SSE, una multinacional escocesa, ha sido atacada por Elliot Investment Management, otro temido inversor, para separar sus operaciones con energías renovables del resto de sus negocios. El activista de Bluebell llamó a Glencore, el gran *trader* de *commodities*, a deshacerse de sus negocios relacionados con el carbón. Unilever, el gigante de bienes de consumo, también dejó Holanda para establecer su residencia en el Reino Unido, pese a haber privilegiado Holanda hace apenas unos años.

Por primera vez, en las juntas de accionistas de 2022, un gran fondo de pensiones —el New York State Common Retirement Fund— llamó a apoyar resoluciones que imponen mayores restricciones a los seis bancos norteamericanos más importantes —JP Morgan, Goldman Sachs y Bank of America incluidos— a la hora de financiar actividades relacionadas con combustibles fósiles. A principios de 2022, casi dos tercios de las empresas del índice Standard & Poor's 500 (S&P 500) han definido objetivos de reducción de emisiones y más del 90 por ciento publica reportes de sostenibilidad.

Para aumentar las preocupaciones del escenario que se extiende por delante para las empresas, uno de los casos más extremos es la demanda contra RWE, una de las principales generadoras de electricidad alemana, por parte de Saúl Luciano Lliuya, un pequeño granjero de Huaraz, un poblado perdido en el altiplano peruano. RWE nunca ha operado en Perú, pero Lliuya la ha llevado a un tribunal alemán alegando una compensación de 20.000 euros para su pueblo. Si bien la cifra es nimia para una empresa que factura más de 25.000 millones de euros, la causa ha hecho que RWE se defienda con uñas y dientes, ya que se le acusa de que en sus 125 años de historia habría generado el 0,47 por ciento de las emisiones de carbono y metano acumulado en la atmósfera. Ese porcentaje habría contribuido al cambio climático que ha derretido el glaciar que amenaza desbordar un pequeño lago de las cercanías de Huaraz. Los 20.000 euros corresponden al 0,47 por ciento del coste de la barrera de protección necesaria para mitigar el riesgo de inundación del poblado. Si los tribunales alemanes fallan en favor de Lliuya, una avalancha de juicios empujaría a la bancarrota tanto a RWE como a toda su industria.

## 1.2. Interrogantes en un nuevo contexto: ESG y propósito empresarial

Muerte en la horca fue la sentencia judicial para John Brown en 1859. El controvertido abolicionista, tras incitar una insurrección de esclavos en Virginia, fue el primer condenado a muerte en la historia de Estados Unidos por traicionar a la patria. Lo paradójico es que, menos de un año después, Abraham Lincoln ganaría las elecciones presidenciales que desencadenarían la guerra civil de 1861, que permitió a millones de afroamericanos alcanzar la libertad al abolirse la esclavitud. John Brown tuvo la mala suerte de cruzarse con su destino justo antes de un súbito cambio de paradigma sobre la esclavitud.

Un caso más reciente es el de las tabacaleras. Su suerte cambió vertiginosamente, pasando de ser consideradas como atractivas compañías en las que muchos querían trabajar a convertirse en una suerte de parias. Hace apenas unas décadas, un empleo en Philip Morris, por ejemplo, como gerente de Marlboro era un cargo soñado. Hoy, en cambio, a estas empresas les cuesta atraer talento por su reputación.

El filósofo estadounidense Thomas Kuhn, en su libro *La estructura de las revoluciones científicas*, estudió la dinámica de los cambios de paradigma, advirtiendo que éstos se producen muy lentamente, ya que desde el paradigma predominante siempre se juzga como errónea su alternativa —el principio de inconmensurabilidad, definido por Kuhn—. Sin embargo, en un instante la fuerte resistencia al cambio sufre un quiebre y, de súbito, el nuevo paradigma desplaza bruscamente al anterior.

Ahora, todo indica que habría llegado la hora de la ESG (*Environmental, Social and Governance*), acrónimo anglosajón que plasma la responsabilidad medioambiental, social y de gobierno de las empresas bajo un marco teórico, cuya evaluación ha ido tomando formas más estandarizadas.

Décadas atrás, algunas compañías comenzaron a hablar de la Responsabilidad Social Empresarial —CSR, por sus siglas en inglés—, mostrando iniciativas sociales que aportaran a la sociedad. Algunas empresas crearon fundaciones y/o anunciaron contribuciones filantrópicas o asociadas con el desarrollo de la cultura y las artes. Sin embargo, tales esfuerzos eran intentos fragmentados y desordenados hasta que el marco del ESG comenzó a irrumpir. El sector privado, una vez más, hizo lo que sabe hacer: cuantificar, medir e intentar avanzar con una dirección clara. De esta manera, los esfuerzos, impactos y mejoras con el entorno comenzaron a sistematizarse. Así, los inversores podrían diferenciar sus apuestas, categorizar sus inversiones y presionar la gestión de las empresas según indicadores no financieros. Estos esfuerzos, sin embargo, han estado sujetos a fuertes controversias, pues la medición del impacto ambiental, social o de gobierno resulta intrínsecamente difícil. ¿Cómo medir el impacto de las operaciones de una empresa en el cambio climático? ¿O su contribución para solucionar los problemas sociales de un país? ¿O cómo poner un número a la calidad de su gobierno corporativo? Cuando no se sabe bien qué ni cómo medir, a menudo sucede que afloran una infinitud de indicadores. Se estima que actualmente hay más de mil quinientos indicadores ESG, lo que evidencia la confusión y dificultad que surge cuando se intenta medir un fenómeno complejo, sobre el que puede haber múltiples opiniones y juicios de valor.

Esta tendencia llegó a un clímax en agosto de 2019. Ese año, el Business Round Table (BRT), la mayor asociación de gerentes generales de grandes compañías estadounidenses, dio a conocer su nueva definición sobre el rol de la empresa. La declaración lleva la firma de casi doscientos CEO de la talla de Jeff Bezos de Amazon, Jamie Dimon de JP Morgan o Tim Cook de Apple.

Si bien en el texto decían que cada compañía debía servir a su propio propósito, también declararon su compromiso con agregar valor a todos sus *stakeholders*: clientes, empleados, proveedores, comunidades y accionistas, objetivo esencial para el éxito futuro de sus empresas, de las comunidades y del país, además de su preocupación por las vidas de muchos de sus conciudadanos: «Sabemos que muchos americanos están en dificultades, que con frecuencia el trabajo duro no es compensado adecuadamente y que no se ha hecho suficiente por ayudar a los trabajadores a ajustarse a los rápidos cambios de la economía. Si las empresas no se dan cuenta de que el éxito de nuestro sistema depende de un crecimiento inclusivo a largo plazo, muchos plantearán dudas legítimas sobre el rol de los principales empleadores en nuestra sociedad».

Pero van incluso más allá al manifestar que «los estadounidenses merecen una economía que permita a cada persona tener éxito mediante el trabajo duro y la creatividad, y llevar una vida con sentido y dignidad», ratifican su convicción de que «el sistema de libre mercado es el mejor medio para generar buenos empleos, una economía fuerte y sostenible, innovación, un medioambiente sano y oportunidades económicas para todos», y sostienen que «las empresas desempeñan un papel vital en la economía al crear puestos de trabajo, fomentar la innovación y proporcionar bienes y servicios esenciales».

Como corolario de lo anterior, adquieren un compromiso fundamental con todos los involucrados (*stakeholders*) respecto a:

1. Aportar valor a los clientes.
2. Invertir en los empleados, con una compensación justa y

la provisión de importantes beneficios, con formación y educación que ayuden a desarrollar nuevas habilidades para un mundo que cambia rápidamente, fomentando la diversidad y la inclusión, la dignidad y el respeto.

3. Tratar de forma justa y ética a los proveedores.

4. Apoyar a las comunidades y proteger el medioambiente adoptando prácticas sostenibles en todos sus negocios.

5. Generar valor a largo plazo para los accionistas, que aportan el capital que permite a las empresas invertir, crecer e innovar.

En la declaración es relevante remarcar el vínculo nacional al hablar de «compatriotas» y «estadounidenses», a pesar de que la gran mayoría de las empresas sean multinacionales. El aspecto nacional de la mirada de los *stakeholders* es particularmente relevante, pues conecta con los cambios en el entorno político y económico, asociados a evoluciones sobre los consensos que sustentaron la globalización. La declaración finaliza reconociendo que cada uno de los involucrados (*stakeholders*) es esencial, por lo que se comprometen a aportar valor a todos ellos para el éxito futuro de cada empresa, de cada comunidad y del país.[4]

## 1.2.1. Se quiebra un consenso

Desde 1997, la BRT había mantenido una línea fiel al consenso de la época al declarar que las empresas existían principalmente para servir a sus accionistas. Sin embargo, en estas nuevas circunstancias, esa visión se transformó.

Las reacciones no se hicieron esperar y el debate se encendió. Se comenzó a hablar de la migración desde un *shareholder capitalism* o capitalismo de los accionistas a un *stakeholder capitalism* en el que los intereses de otros grupos debían equilibrarse con los de los accionistas a la hora de tomar decisiones. Algunos políticos levantaron la voz para impulsar modificaciones legales

4. Declaración sobre el propósito objetivo de una empresa, BRT, 2019.

con la idea de plasmar tales principios en las obligaciones fiduciarias y de diligencia de consejos de administración y directivos, hipotecando el principio bajo el cual sus decisiones se deben al cuidado del patrimonio que los accionistas les han confiado. Se sumaron requerimientos para modificar los bonos e incentivos de los principales gerentes, los cuales generalmente están alineados con el valor de la acción y los resultados financieros de las compañías. En medio de estos debates algunos advirtieron cierto entusiasmo por parte de quienes anhelan erradicar el consenso formado en torno a la idea de Milton Friedman respecto a que la única responsabilidad social de la empresa sería acrecentar sus ganancias, manteniéndose dentro de las reglas del juego, es decir, en una competencia abierta y libre sin cometer fraudes ni engaños.

Parte de la lógica de alinear el rol de la empresa con maximizar el valor para los accionistas guarda relación con que estos últimos tienen un derecho residual sobre los resultados de la empresa. Se cuenta una anécdota sobre un dueño de una tienda de juguetes, quien con severa mirada regañaba a uno de los jóvenes que lo ayudaban en la distribución de las cajas a sus clientes. Cuando el propietario se encontró con una caja dañada en el suelo, reprendió al joven que cargaba los paquetes. Pero el empleado le indicó que tenían muchísimas cajas, sin entender por qué hacía tanto escándalo por una sola. El propietario respondió: «Mira esos cientos de cajas. Todas son de nuestros clientes. Pero esta caja dañada en el suelo me corresponde. Esta caja ahora es mía. Si esa caja, esa única caja, fuese tuya, ¿habrías tenido el mismo cuidado?», preguntaba al joven empleado. Es justamente la ganancia o pérdida marginal la que importa al propietario, la que queda después de pagar a proveedores, empleados, bancos y los correspondientes impuestos.

Antes de pagar un dividendo a sus dueños, la empresa debe convencer a sus clientes para comprar sus productos, pagar a sus proveedores y cumplir con los salarios de sus empleados, contribuir con los tributos y permisos recolectados por el Estado y saldar los intereses de la deuda con bancos y prestamistas. Antes de llevarse los réditos de las operaciones, de quedar alguno, deben pagar a todos los *stakeholders* vinculados a ella. Al final del día, cuando queda algo, debe decidir entre reinvertir el dinero generado en proyectos de inversión o pagar dividendos a sus accionistas. Por ello, son los dueños quienes manejan la empresa. Cuando hay problemas, son los primeros en notarlo y son justamente los que mayor interés tienen en hacer que la compañía sea su mejor versión y crear los mejores productos para satisfacer las necesidades de la sociedad. Al definir como objetivo maximizar el valor de su patrimonio se asegura también el sustento de los demás *stakeholders*.

Bajo estas ideas se enmarca el debate sobre un capitalismo de los *shareholders* (accionistas) y un capitalismo de los *stakeholders* (grupos de interés). Los recientes movimientos tectónicos hacia un capitalismo de *stakeholders* han remecido el mundo empresarial, generando entusiastas promotores y fuertes detractores. La disyuntiva es compleja, pues bajo el principio del rol de la empresa se definen elementos fundamentales del orden económico, como la asignación de capitales, la eficiencia del sistema económico y la dinámica competitiva. Al fin y al cabo, son las empresas las que proveen de bienes y servicios esenciales, como alimentos, medicamentos, salud, infraestructura o transporte. Son también las principales fuentes de empleo y el origen de la gran mayoría de las innovaciones responsables de la vida como la conocemos en el siglo xxi. Por eso, cuando definimos su rol y la manera en que se articulan sus decisiones estamos tratando factores fundamentales del progreso económico y el bienestar del futuro que estamos construyendo.

Avanzar hacia un *stakeholder capitalism* no es simple. Larry Fink, CEO de BlackRock, la principal administradora de capitales del mundo y uno de los emblemáticos impulsores del propósito empresarial, advirtió de sus dificultades en la carta, escrita en 2021, a los CEO del planeta:

> Cumplir con los intereses contrapuestos de los numerosos y divergentes grupos de interés (*stakeholders*) de una empresa no es fácil. Como gerente general, lo sé de primera mano. En este mundo polarizado, los gerentes generales tendrán invariablemente un con-

junto de grupos de interés que exigirán que hagamos una cierta cosa, mientras que otro conjunto de partes interesadas requerirá que hagamos justo lo contrario.

Por eso es más importante que nunca que la empresa y sus gerentes se guíen por su propósito. Si te mantienes fiel al propósito de tu empresa y te centras a largo plazo, al tiempo que te adaptas a este nuevo mundo que nos rodea, ofrecerás beneficios sostenibles a los accionistas y ayudarás a hacer realidad el poder del capitalismo inclusivo.

El capitalismo de los *stakeholders* no es una cuestión política. No es una agenda social o ideológica. No es *woke*. Es capitalismo, impulsado por relaciones mutuamente beneficiosas entre la empresa y los empleados, los clientes, los proveedores y las comunidades en las que su empresa se apoya para prosperar. Éste es el poder del capitalismo.

En el mundo globalmente interconectado de hoy, una empresa debe crear valor para toda su gama de grupos de interés y ser valorada por todos ellos, con el fin de crear valor a largo plazo para sus accionistas. Es a través del capitalismo efectivo de los involucrados (*stakeholders*) como el capital se asigna eficientemente, las empresas logran una rentabilidad duradera, y el valor se crea y se mantiene a largo plazo. No se equivoquen, la búsqueda justa de ganancias sigue siendo lo que anima a los mercados; y la rentabilidad a largo plazo es la medida con la que los mercados determinarán en última instancia el éxito de su empresa.

Bien vale la pena reflexionar sobre por qué se están generando estas ideas de cambio, las cuales van más allá de la etérea discusión sobre propósito empresarial versus la búsqueda de utilidad.

## 1.2.2. *Desafíos del ESG*

En su libro *Reimagining Capitalism in a World on Fire*, Rebecca Henderson, profesora de Harvard, plantea la necesidad del nuevo impulso empresarial en la lucha contra la degradación medioambiental, la desigualdad y el colapso institucional. En el trasfondo de este movimiento —explica— hay una profunda convicción sobre el fracaso del sistema político y social en resolver los problemas que nos aquejan. «Transformar las principales empresas es difícil, pero transformar los sistemas políticos y sociales lo es mucho más», argumenta Henderson. Por ello, propone rearticular la arquitectura de quién y cómo se establecen las reglas, instigando al mundo de la empresa a entrometerse en lo que otrora fue monopolio del Estado.

Con gobiernos incapaces de encontrar soluciones al cambio climático, muchas compañías se han comprometido a reducir sus emisiones y han comenzado a presionar para una mayor coordinación corporativa para enfrentar en bloque el cambio climático. Son más de tres décadas de Conferencias de las Naciones Unidas sobre el Cambio Climático, de las que ha salido un inefectivo acuerdo de Kioto en 1995, rimbombantes anuncios tras los Acuerdos de París de 2015, pero poco impacto práctico.

Dada la desigualdad para ciertos grupos, los cuales no han gozado de las mismas oportunidades que otros por discriminaciones sociales o porque el Estado no ha sido garante de proveer educación de calidad desde la cuna, algunas empresas intentan igualar las condiciones ofreciendo oportunidades a quienes han tenido menos.

Y frente a la erosión de las instituciones, al populismo político y a los ataques a la democracia, algunas empresas han desempeñado el valiente papel de empujar los valores de la democracia liberal capitalista para reconstruirlas.

Estas acciones no son fáciles e implica adentrarse en el terreno político. En 2022, Alan Jope, CEO de Unilever, tuvo que reafirmar a sus inversores el compromiso de la compañía con el mercado israelí después de que su famosa filial de helados Ben & Jerry's anunciara que dejaría de vender sus productos en los «territorios palestinos ocupados», justificando que tal ocupación iba en contra de sus valores. Esto le valió a Jope una dura reunión con el inversor Nelson Petz, de Trian Partners, quien lo presionó para revertir dicha medida afirmando que «ninguna empresa tiene una posición para hacer declaraciones políticas de este tipo».

Para las compañías, desempeñar un papel social más allá de vender sus productos y servicios es complejo y sus límites son difusos. Más aún, no está claro si acaso las empresas deban participar en estas cuestiones, ni tampoco a quién corresponde decidirlo. En el caso de Ben & Jerry's claramente existe un conflicto entre ejecutivos y accionistas, cuyo trasfondo guarda relación con la definición del rol y sentido de la empresa. Unilever, y particularmente su filial Ben & Jerry's, han sido elocuentes en su concepción de vender bienes de consumo —helados, desodorantes, mayonesa, limpiadores— asociándose a hacer bien a la sociedad. Sin embargo, para Nelson Petz, como para muchos otros inversores, Unilever ha debilitado su grupo de marcas y erosionado su fuente de rentabilidad alejándose dramáticamente de su máximo potencial.

Danone, la gigante de productos de consumo francesa, también se vio envuelta en un caso similar cuando su dirección despidió al popular Emmanuel Faber, presidente de la junta directiva y gerente general. El ejecutivo tenía una trayectoria de sostenibilidad, la cual potenció más aún cuando fue nombrado CEO en 2014. Se posicionó en asociaciones de compañías de consumo para promover el propósito y cambio positivo de su industria. En el contexto de una importante cumbre de presidentes de países, fue nombrado por Emmanuel Macron para liderar una coalición de grandes compañías para trabajar contra la desigualdad de oportunidades y de género. El gerente estableció importantes compromisos ambientales y sociales para su empresa. Comenzó a publicar nuevas métricas de ganancia por unidad de emisiones de carbono y en 2020 logró que los accionistas aprobaran el cambio de estatutos de Danone como una empresa social. Sin embargo, en 2021 fue despedido por la dirección debido a los escasos resultados financieros, que evidenciaban importantes contrastes con sus competidores.

Entre los argumentos para empujar agendas ESG, muchas veces se arguye que otorgarían la licencia para operar a las empresas. El caso de Faber indica que buenos resultados financieros también serían perentorios para que los gerentes puedan embarcar a sus compañías en mayores compromisos de sostenibilidad.

Para una empresa, centrar sus operaciones en un «buen» rol social implicaría, primero, articular modelos de negocio que contemplen una contribución a la sociedad manteniendo la búsqueda de eficiencia para generar ganancias y dar sustento fundamental a la vitalidad de la empresa. Segundo, implicaría que el mundo empresarial tuviera una reputación impecable, tanto las empresas como sus líderes, pues la sociedad espera de ellos no sólo ser, sino también parecer, agentes de cambio. Cuando la sociedad espera transformaciones del espectro transversal de líderes, incluyendo a aquellos del mundo empresarial, se demanda más legitimidad a ejecutivos para desempeñar sus cargos. Ya no basta con que hayan sido buenos ejecutores o administradores, sino que también es necesario que tengan una reputación acorde, y que la sociedad pueda confiar su destino en ellos como agentes de cambio.

Las exigencias a los líderes del mundo empresarial han crecido. Las expectativas respecto a su rol y las grandes decisiones sociales en sus manos demandan comportamientos impecables no sólo en términos empresariales, sino también personales. Poderosos ejecutivos se han enfrentado a escándalos que han terminado por derrumbar su reputación y sus negocios. El escrutinio público hizo caer al CEO de la gigante minera Rio Tinto por la destrucción de ruinas indígenas en Australia; al poderoso fundador del fondo de inversión Apollo, Leon Black, por su cercanía con el pederasta Jeffrey Epstein; y al fundador y CEO de Uber, Travis Kalanick, por acusaciones de crear una cultura corporativa tolerante con abusos, machismo y desenfrenos, entre varios otros.

Hay casos excepcionales de transformaciones profundas de modelos de negocios. El caso de Ørsted, gigante danés de energías renovables, es particularmente notable. Este pionero y líder global de las granjas eólicas marinas ha conquistado los mares europeos y recientemente ha expandido sus grandes molinos de viento a las costas estadounidenses, coreanas y taiwanesas, desafiando a la naturaleza y a los límites de la ingeniería. Pero hace apenas unos años, este titán de la transición energética tenía otro nombre. Durante décadas, la empresa respondió al nombre de DONG, acrónimo de Danish Oil and Natural Gas. Sus resultados y operaciones no habían dejado más que grandes decepciones a sus accionistas, entre ellos, el Estado danés. Remontó gracias a la inyección de capitales y gestión del fondo de inversión privado Goldman Sachs, junto con un avezado equipo ejecutivo, que tomó la difícil decisión de reorientar el conocimiento de sus ingenieros y apostar por el desarrollo de las granjas eólicas marinas, una incipiente tecnología que prometía interesantes ventajas, pero también exigía responder a grandes desafíos de ingeniería.

Diez años después de la inversión de Goldman Sachs en DONG, la compañía no sólo ha cambiado de nombre en homenaje al científico danés Hans Christian Ørsted y sus descubrimientos en electromagnetismo, sino que ha inventado un modelo que ha acelerado la penetración de relevantes proyectos de energía eólica marina, una tecnología que aportará más de doscientos gigavatios de energías renovables en 2030. Y, de paso, ha entregado grandes réditos a sus inversores. En 2013, Goldman Sachs, junto con otros fondos de pensiones asociados, se hicieron con el 25 por ciento de la empresa al inyectar 2.000 millones de dólares. Ocho años más tarde la capitalización bursátil de la empresa superó los 50.000 millones de dólares. Ørsted reorientó sus capitales y las habilidades de sus ingenieros apostando por un cambio en la matriz energética. Su jugada probó ser correcta y consiguió la ventaja de ser uno de los primeros en esa nueva industria. Esta adaptación requirió entender el medioambiente, identificar una necesidad de la sociedad y alinear las instancias de decisión para empujar una transformación profunda que terminó siendo, a ojos de muchos, beneficiosa para todos los grupos de interés de la empresa.

En el segundo trimestre de 2022, Mike Cannon-Brookes, fundador y co-CEO de Atlassian, una importante compañía de *software*, quien a los cuarenta años se ubicó entre los cinco principales milmillonarios australianos, comenzó un ataque contra AGL, una de las principales compañías de electricidad de su país y el principal emisor de carbono, debido a que operaba con centrales térmicas de carbón. En febrero de 2022, con el apoyo del inversor Brookfield, Cannon-Brookes trató de hacerse con la compañía, pero su oferta fue rechazada por la dirección. Pocos meses después, apareció como dueño de más del 10 por ciento de la sociedad anónima, con una campaña para cambiar su modelo de negocio. En su opinión, AGL se habría mantenido impávida ante la transición energética y el cambio climático, pues no habría hecho ningún esfuerzo para migrar del combustible que usaban sus centrales, perjudicando con ello no sólo el medioambiente sino también la viabilidad de la compañía a largo plazo. Cannon-Brookes, junto con el titán minero Andrew Forrest, otro de los grandes milmillonarios de Australia, se han posicionado y apostado en grande por inversiones para combatir el cambio climático. Entre ellos, un inédito proyecto solar de 20 gigavatios en Darwin, situado al norte del país, con un presupuesto que supera los 20.000 millones de dólares, que busca conectar energía limpia con Singapur mediante un cable submarino de más de 4.000 kilómetros de largo.

Sin embargo, no todas las empresas de energía pueden ser Ørsted, ni todos los inversores pueden ser Mike Cannon-Brookes y renegar de la producción de energías fósiles para dedicarse completamente a gestar proyectos eólicos marinos o de energías renovables. El mundo aún necesitará petróleo y gas durante la transición energética, un período que no implicará años, sino décadas. La definición de modelos de negocio con un impacto positivo conlleva riesgos cuando la definición de la contribución a la sociedad se circunscribe a espacios limitados. En ciertos círculos suelen darse miradas maniqueas que revelan sólo casos notables, pero cuyo alcance es limitado, despreciando la realidad económica y las necesidades del mundo para transitar hacia las nuevas energías. Por ejemplo, en la industria automotora se escuchan voces muy entusiastas a favor del coche eléctrico, haciendo caso omiso de los desafíos que implicará la penetración de esta nueva tecnología en términos de materiales, cadena de suministro, infraestructura y demanda eléctrica en los países, y desestimando los notables avances conseguidos en disminuir las emisiones de los motores de combustión interna.

Puede ser peligroso categorizar las distintas actividades empresariales bajo un prisma moral —ya sea «sostenible», «verde», «bueno»—, pues el mundo es complejo y no es fácil comprender correctamente las implicaciones de las diferentes labores. Actividades catalogadas como sostenibles o verdes pueden terminar afectando la viabilidad de transformaciones económicas. Más aún, la complejidad de la economía y sus incontables interconexiones hacen que cualquier categorización resulte ser superflua, pues difícilmente se pueden abarcar todas las consecuencias económicas, políticas y sociales. Bajo esta mirada, por ejemplo, parece una obviedad que las actividades mineras sean consideradas «sucias», sin embargo, la transición energética requerirá masivas cantidades de cobre, litio y acero, entre otros materiales. Si se detiene o desalienta su producción por considerarse «sucia», se hipoteca la viabilidad de los cambios en la matriz energética. Ante estas tensiones, Elon Musk, emprendedor de Tesla, Solar-City y SpaceX, entre muchas otras empresas notables, ha sido categórico en su posición: «Trabajar duro con el objetivo de producir bienes y servicios para nuestros compañeros humanos es profundamente bueno», desdeñando las categorizaciones morales de algunos.

Decidir y gestionar estos cambios es una tarea compleja y sujeta a paradojas. Las grandes decisiones de las empresas —embarcarse en un proyecto de inversión, definir la estrategia comercial o industrial, invertir en nuevas investigaciones, diseñar la organización o sus políticas de atracción de talento— ya son difíciles de por sí, pero su dificultad se acentúa en un mundo cada vez más volátil, incierto y ambiguo. Agregar múltiples objetivos al rol de la empresa implicaría que gerentes y consejos deberán arbitrar entre infinidad de variables para responder a los distintos intereses. ¿Cómo ordenar el capital y las personas cuando no hay un objetivo común, sino múltiples propósitos; cuando diferentes actores privilegian a unos u otros de acuerdo con sus preferencias individuales? Un desafío espinoso, en especial cuando los inversores confían su capital a un equipo de gerencia que se enfrenta a diversos conflictos de intereses como, por ejemplo, proteger su reputación personal en detrimento del patrimonio que se les ha entregado, además de llevar a la empresa a terrenos peligrosos, para los cuales no necesariamente está preparada.

### 1.2.3. Taxonomía de lo sostenible

El gobierno de la Unión Europea ha sido una de las instituciones más entusiastas respecto a la sostenibilidad. En 2018, estableció su agenda verde, bajo la cual se comprometió a llevar al continente a la neutralidad en carbono en 2050 y a reducir sus emisiones a la mitad en 2030.

Entre los instrumentos de su «Plan de acción para el crecimiento sostenible», Bruselas lanzó una taxonomía de las actividades económicas, categorizando como verdes aquellas que contribuyen a la transición energética, con el objeto de guiar empresas y capitales hacia actividades sostenibles basadas en métricas ESG.

Sin embargo, en medio de estas definiciones surgió un gran debate cuando reclasificó la energía nuclear y el gas natural, hidrocarburo extraído junto con el petróleo y el carbón, como verdes, ecológicos y sostenibles. A pesar de que la primera taxonomía fue publicada en junio de 2020, a los pocos meses Bruselas comenzó a modificar los criterios. «Es necesario reconocer que los gases fósiles y la energía nuclear pueden contribuir a descarbonizar la economía europea», decía el memorando que se filtró desde los pasillos de la Comisión Europea.

Los ajustes casi inmediatos que debieron hacer dejan en evidencia la dificultad de categorizar las actividades económicas. Dada su relevancia, el criterio de clasificación puede reordenar la asignación de recursos afectando el coste de capital de empresas y proyectos, y terminar finalmente cambiando la matriz económica.

Estos cambios en la taxonomía o clasificación de las fuentes energéticas guardan relación con la crisis energética europea que ya se gestaba en 2021, antes de la invasión de Putin a Ucrania. El frío invierno levantó críticas y protestas contra las políticas verdes, debidas a los altos incrementos en las facturas de electricidad y gas, presionadas por aumentos dramáticos de costes y temores de racionamiento. En términos energéticos, Europa tiene una situación más precaria que, por ejemplo, Estados Unidos, pues depende de otros países para satisfacer su demanda. Durante años, sus políticos han presionado a las empresas para que reduzcan sus inversiones en combustibles fósiles, y ciertos países —como Alemania— anunciaron el cierre de centrales de generación de electricidad —de carbón, petróleo, gas y nuclear—, incrementando su necesidad de importar energía. Al comienzo de esta década, dos tercios de su consumo de gas natural venía del extranjero y la mitad de Rusia —hace diez años era un tercio.

A finales de 2021, cuando Europa se percató de que sus reservas de gas estaban bajo niveles históricos, Vladímir Putin movilizaba más de cien mil soldados a la frontera con Ucrania. Al mismo tiempo, Gazprom, una de las empresas estatales de energía rusa, presionaba para poner en marcha el polémico gasoducto Nord Stream 2, que cruza el mar Báltico y conecta directamente a Rusia con Alemania, aumentando la dependencia de esta última nación, justamente en el año en que le correspondía desmantelar sus últimas seis centrales nucleares. Cuando entrase en funcionamiento Nord Stream 2, varios países de Europa del Este —Ucrania incluida— perderían importantes comisiones y relevancia geopolítica, pues reemplazaría a los gasoductos por los que pasa gran parte del gas ruso a Europa.

En medio de estas tensiones, la Agencia Internacional de la Energía acusó a Rusia de haber creado una crisis energética para jugar sus cartas geopolíticas. En la preparación de su invasión a Ucrania, el presidente Putin intentó balancear a su favor el tablero geopolítico al exigir a Estados Unidos y a la OTAN un repliegue en Europa del Este.

En Europa, tanto Bruselas como múltiples gobiernos nacionales comenzaron a reconocer que la transición energética sería imposible sin fuentes eficientes y relativamente limpias de combustibles fósiles, levantando fuertes críticas por parte de grupos ambientalistas y partidos políticos verdes, que tienen una influencia relevante en el Parlamento de la Unión Europea. Poco a poco, ha ido ganando terreno la idea de facilitar una transición valorando los esfuerzos para, por ejemplo, convertir infraestructura existente de centrales de carbón al tipo de gas con ciclo combinado, un proceso más limpio y eficiente, o bien apreciar los grandes avances en la reducción de emisiones de coches de combustión interna, mientras promueven la adopción de vehículos eléctricos y de infraestructura.

Este cambio de posición de la política europea y su taxonomía respecto a su agenda verde se sostiene en aceptar que la transición energética, si bien fundamental y urgente, resulta una tarea monumental que implicará décadas. En el entretanto, crisis como la de Europa nos recuerdan que en la lucha contra el cambio climático no será suficiente empujar las tecnologías limpias, sino también saber manejar la dependencia de combustibles fósiles, que representan más del 80 por ciento de las fuentes primarias de energía. Y que privilegiar únicamente los esfuerzos de ciertas empresas clasificadas como «limpias» o «buenas» en lugar de valorar el trabajo general de las compañías, a pesar de ser «sucias», es una línea de acción más apropiada.

Por ello, la Unión Europea reconsideró su posición, abriendo un camino en el que lo sostenible debe incluir no sólo energías renovables, sino también energías tradicionales menos dañinas, mientras avanza en la ardua tarea de construir una matriz económica sostenible en un marco geopolítico cada vez más complejo.

Dentro de la complejidad de la taxonomía definida centralmente por agentes estatales surgen otras contradicciones, como, por ejemplo, incluir como verdes las labores de ensamblaje de coches eléctricos, mientras se excluyen múltiples actividades de proveedores que fabrican piezas fundamentales para su producción. Al fin y al cabo, segmentar el mundo entre actividades «buenas» y «malas» implica hacerse cargo de la complejidad de la economía moderna que hemos construido en el siglo XXI.

En Estados Unidos, el regulador del mercado de capitales —la Securities and Exchange Commission (SEC)— ha anunciado medidas para sujetar a normas las credenciales ESG con las que se miden los distintos administradores de fondos y empresas. Prácticamente cada uno ha definido una manera de cuantificar aquello que consideran sostenible. El presidente de la SEC, Gary Gensler, ha reconocido que «es muy amplio el rango de lo que los administradores de fondos entienden por finanzas sostenibles y los criterios que utilizan para definirlo». Nuevamente es la discordancia de mediciones la que trae confusión sobre lo sostenible. Sin embargo, la solución de la SEC tampoco es ideal, pues en la armonización de mediciones nuevamente una opinión centralizada definirá aquello «sostenible», la cual difícilmente podría capturar toda la complejidad del sistema económico ni las repercusiones de su intervención. Cambios en la definición y medición de lo sostenible cambiarán la categorización entre actividades económicas, con las repercusiones que eso traería para el ecosistema empresarial. Nuevamente un regulador centralizado, en su intento por armonizar las iniciativas de ESG, puede sentar las bases para distorsiones en el funcionamiento de la economía al discriminar actividades en su acceso a capitales y su reputación social basándose en la opinión del pequeño grupo de individuos que en esos momentos desempeñan posiciones en la agencia regulatoria pertinente.

El problema de definir la medición de lo «bueno», según el profesor de finanzas corporativas y valoración de empresas de la Universidad de Nueva York, Aswath Damodaran, es parte de las críticas a los criterios ESG. Su mirada sugiere que serían un reetiquetado de viejas ideas que se presenta como la solución para que las empresas hagan «el bien», entregando de paso altas comisiones a aquellos administradores de capitales que se jactan de sus «buenas» credenciales. La primera crítica de Damodaran apunta a nuestra incapacidad para medir «lo bueno», pues gran parte del impacto social es cualitativo, volviéndose esquivo cada vez que se le intenta poner un número. Más aún, agrega, hay escasos consensos sobre qué impactos sociales medir, lo que justifica con estudios que muestran la baja correlación entre las múltiples medidas de ESG que las consultoras especializadas recomiendan a las empresas. El profesor Damodaran también tiene opinión respecto al conflicto de intereses de los administradores de fondos. Empresas que administran capitales pueden proponer fondos «sostenibles», justificando comisiones más altas, en donde el impacto positivo de sus inversiones no es medible ni exigible, más allá de cumplir con ciertas métricas sobre las cuales no hay consensos ni claridad al respecto.

Entre las voces críticas también ha destacado la de Elon Musk, quien tildó de estafa las etiquetas de ESG después de que Tesla, su innovadora compañía que dio el pistoletazo de salida a la carrera por el coche eléctrico, quedase fuera del índice ESG de Standard & Poor's. Agregó que esos índices ESG más bien se han politizado y ajustado a la adopción de la agenda de ciertos grupos políticos.

En este debate, no ha ayudado que la gran tabacalera de Marlboro sea una empresa mucho más «buena» que Tesla, según varias de las agencias calificadoras de ESG. En 2023, el *rating* de S&P Global otorgó 84 puntos de 100 a Philip Morris International mientras que la innovadora compañía de coches eléctricos, generación solar distribuida y desarrollo de baterías logró apenas 37 puntos. Sustainalytics, otra de las múltiples agencias de *rating* ESG, dejó a Altria —otra gran productora de cigarrillos— sustancialmente por arriba de Tesla. La London Stock Exchange dio uno de los puntajes más altos de ESG a British American Tobacco.

Este tipo de resultados han reforzado las paradojas de las mediciones ESG, apuntando a la contradicción de clasificar como «buenas» a empresas cuya operación mataría tempranamente a ocho millones de personas al año por la adicción a sus productos. Un controvertido artículo[5] preguntaba: ¿es acaso más valiosa su adherencia a iniciativas «progresistas» —como la promoción de diversidad racial, de género, iniciativas de justicia social— que el daño que provocan los productos de estas empresas?

Tariq Fancy, exdirector de inversiones sostenibles de BlackRock, una de las más grandes administradoras de fondos del mundo, también ha advertido de estos peligros, argumentando

5. Sibarium, Aaron, «How Tobacco Companies Are Crushing ESG Ratings», *The Washington Free Beacon*, 13 de junio de 2023, <https://freebeacon.com/latest-news/how-tobacco-companies-are-crushing-esg-ratings>.

que las inversiones sostenibles son un placebo que otorga a los involucrados la sensación de estar «salvando al mundo» sin tener certeza alguna de progreso, más allá de seguir un procedimiento de categorización que nada ha demostrado. A mediados de 2022, la directora de inversiones responsables de HSBC fue suspendida de su cargo tras criticar la credibilidad de las credenciales ESG y acusar a banqueros centrales y reguladores de exagerar los riesgos financieros del cambio climático en una carrera por ganarse una mejor reputación. Una afirmación congruente con el diagnóstico de la exresponsable de inversiones sostenibles de DWS, el brazo de inversiones de Deutsche Bank, quien dijo que los ESG han perdido su sentido. En ocasiones, pareciera que gran parte de las métricas ESG son mediciones sin correspondencia entre sí, que han ayudado a cimentar buenas reputaciones entre ejecutivos, burócratas e inversores para aparecer como los buenos de la película, sin garantía alguna del verdadero impacto de sus indicadores.

Por su parte, el respetado inversor y filántropo Warren Buffett se ha negado a obtener indicadores de ESG, haciendo gala de su desdén por la burocracia requerida para recolectar los millones de datos de sus empresas para cumplir con esa exigencia, argumentando que sería un gasto que difícilmente podría justificar frente a sus accionistas. A su vez, ha demostrado que gran parte de las operaciones de sus compañías han contribuido a hacer más eficiente el transporte y la producción de bienes, lo que implica que serían tales beneficios en productividad los relevantes para el progreso sostenible.

El mundo político no se ha mantenido ajeno al debate. Mitt Romney, excandidato presidencial del Partido Republicano de Estados Unidos, firmó una carta en la que afirmaba que los puntajes en indicadores ESG están politizando los *ratings* crediticios de las empresas. El exvicepresidente estadounidense Mike Pence, por su lado, ha tildado de perniciosos los principios ESG, y el senador republicano del estado de Florida Marco Rubio ha propuesto una legislación para permitir que los inversores demanden a las compañías que se desenfoquen de su objetivo de maximizar los beneficios de sus accionistas.

Pero la narrativa ESG resulta tentador para gerentes y directores, pues puede crear un *momentum* y una reputación entre algunos grupos de empleados, clientes, proveedores e inversores. En 2021 se estiman en casi 3 billones de dólares (3 *trillions*, en inglés) los fondos asociados a ESG,[6] un gran bolsillo de capital que ciertos gerentes generales estarán ávidos de alcanzar para subir el precio de sus acciones, especialmente cuando sea más difícil cumplir los objetivos financieros que prometer cambiar el mundo. De hecho, el vocablo ESG ha pasado de ser prácticamente desconocido en 2019 a ser mencionado en casi un quinto de los comunicados de compañías con inversores durante 2021.[7]

El ESG ha prestado legitimidad a compañías, directivos, consejos, administradores de capitales para denominarse «limpios», «verdes» o «sustentables». Empresas «buenas» a ojos del público general, una categorización muy preciada en medio de la crisis de popularidad que afecta a las sociedades.

Sin embargo, las agencias que otorgan estos *ratings* han subido al estrado cuestionadas por tres problemas relevantes. Primero, los conflictos de intereses que enfrentan al publicar estas mediciones cada vez más relevantes. Segundo, la concentración en un puñado de agencias dominantes. Y tercero, el descuadre entre la percepción de estos *ratings* ESG versus lo que realmente son.

Los reguladores europeos están intentando separar las agencias de *ratings* de las consultoras que ofrecen servicios a las empresas e inversionistas para mejorar sus puntajes. ¿Qué se diría si el entrenador de un equipo de fútbol fuese también el árbitro del partido? Esto es preocupante, especialmente porque los datos que informan estos *ratings* no son auditados. Recientemente se publicó un estudio que indicaba que las compañías más grandes y que más interactuaban con las agencias (con comisiones de por medio) tendían a tener mejores notas.[8] Las comisiones para

---

6. *Fuente*: Morningstar.

7. *Fuente*: mediciones de PIMCO.

8. Larcker, David F. *et al.*, «ESG Ratings: A Compass without Direction», Rock Center for Corporate Governance at Stanford University Working Paper Forthcoming, 2 de agosto de 2022, <https://ssrn.com/abstract=4179647>.

realizar tales mediciones van desde cientos de miles a millones de dólares en asesorías para obtener y mejorar estos *ratings*.

Apenas un puñado de agencias define qué empresas y capitales son «buenas». MSCI, London Stock Exchange Group, Morningstar y S&P dominan los puntajes ESG. Además de las consultorías, también venden los índices «sostenibles» o «verdes» que traen más inversionistas a empresas y facilitan que administradoras de capitales vendan nuevos productos a sus clientes.

Si bien los grandes inversores institucionales deberían estar preparados para manejar tales problemas, ha sido la expansión del ESG al público general, en la venta de fondos mutuos sustentables o la mera reputación empresarial, lo que más preocupa. Pues las métricas ESG muchas veces miden la mera mitigación de riesgo a factores ambientales, sociales o de gobierno, más que establecer el *bien* que hacen las empresas. Y ni siquiera mencionamos que muchos *ratings* son incongruentes entre ellos.

Un claro ejemplo de las presiones y beneficios por mejorar la percepción de las empresas es DWS, una de las principales administradoras de capitales en Alemania, en uno de los más dramáticos casos de *greenwashing*, la práctica de aparentar políticas sostenibles. En su informe anual de 2020, su CEO, Asoka Woehrmann, afirmaba haber «ubicado las normas ESG en el corazón de todo lo que hacemos». Pero, un año más tarde, Woehrmann presentaba su renuncia pocos días después de que cincuenta policías se dejaran caer en sus oficinas, buscando pruebas de *greenwashing*. La alerta de malas prácticas fue lanzada por uno de sus ejecutivos, sumiendo a la empresa en uno de los escándalos más emblemáticos de las finanzas sostenibles. La denuncia establecía que DWS habría entregado información falsa en su informe anual de 2020 al indicar que más de la mitad de los 900.000 millones de euros de activos administrados por el grupo estaban invertidos usando criterios ESG. Desde entonces, DWS cambió su norma de clasificación de ESG y en 2021 redujo drásticamente los activos catalogados como «sostenibles».

Ante estos sucesos, vale la pena preguntarse si corresponde a las empresas comprometerse en mediciones ESG. ¿Acaso están capacitadas para ello? ¿Qué arriesgan las compañías y el sistema económico al hacerse responsables de los múltiples cambios que requerirían nuevas prioridades empresariales y sociales? ¿Cuál es el límite de estos compromisos y cómo se debe equilibrar con la necesidad de sostenibilidad financiera y deber fiduciario respecto al capital de sus inversores? ¿A quién corresponde arbitrar entre aquello que debe ser considerado sostenible y lo que no lo es, entendiendo las consecuencias que ello implica para la misma sostenibilidad y el progreso económico?

## 1.3. Cambios sociales y pérdida de sentido e identidad

La empresa no es inmune a los cambios de la sociedad. Y tal como nuestras sociedades se han tensionado, también lo han hecho las empresas y la definición de su rol.

La compañía del ratón Mickey, generalmente asociada a historias de amor, familia y unidad, ha sufrido los embates entre estas tensiones. «Disney ha cruzado un límite», condenó Ron DeSantis, gobernador de Florida, refiriéndose a la intervención oficial de The Walt Disney Company, llamando a que la legislatura estatal de Florida revirtiese una ley recién aprobada que prohibía a los profesores de preescolar y de primaria instruir sobre la identidad de género y la orientación sexual.

Mientras se discutía el proyecto de ley, el clima interno en las oficinas de Disney empeoraba porque la compañía no se manifestaba contra la legislación, y el CEO, Bob Chapek, intentaba explicar a sus empleados por qué no era conveniente oponerse abiertamente al gobernador y al congreso de Florida.

Sin embargo, finalmente Chapek cedió ante la presión de sus trabajadores y criticó la ley apodada «No digas gay», poniendo a la compañía en medio de fuertes controversias sobre los derechos LGBT no sólo a nivel estatal, sino en todo Estados Unidos. Incluso les escribió a sus colaboradores disculpándose por no haber combatido antes ni con más fuerza la iniciativa.

El resultado fue un enfrentamiento entre un CEO de una compañía contra un gobernador a punto de enfrentarse a su reelección y con aspiraciones de llegar a la Casa Blanca. Aparentemente Chapek terminó por hacerle un favor a DeSantis, quien se llevó preciados minutos de cobertura televisiva, posicionándose como precandidato presidencial del Partido Republicano. El conflicto entre ambos líderes dejó como secuela el mayor escándalo de relaciones públicas de Disney en cien años, derrumbando su imagen, y además puso en jaque el cargo de su CEO, quien estaba a meses de renovar su contrato, y que meses después terminaría siendo despedido.

Junto con exponerse al polarizado debate político estadounidense, Disney entró en rumbo de colisión con los representantes de uno de los estados más relevantes para su negocio de parques de diversiones. Uno donde históricamente había mantenido excelentes relaciones con los políticos de ambos lados del espectro. Disney anunció el fin de sus contribuciones a las campañas políticas en Florida, mientras el gobernador respondía anunciando el término de muchos de los beneficios tributarios que tenía la compañía en Orlando.

Este episodio ilustra las presiones a las que los liderazgos de las grandes empresas se enfrentan por parte de distintos grupos de interés para posicionarse frente a asuntos públicos que no tienen nada que ver con el negocio mismo. En el caso de Disney, fueron muchos de sus empleados, de los cuales hay más de setenta mil en Florida, algunos identificados con los derechos LGBT, quienes lo presionaron para hacerlo.

Para sobrevivir, toda empresa requiere adaptarse a los nuevos paradigmas sociales. De modo que, a la hora de reflexionar sobre el sentido empresarial actual, es fundamental considerar la amplia perspectiva en la cual ha evolucionado nuestra sociedad. Las empresas son agentes cuyo rol se define en el arreglo institucional, en donde individuos, familias, comunidades, compañías y las diferentes formas del Estado interactúan y donde cada uno ejerce su papel correctamente en la medida en que exista un ordenamiento holístico armonioso.

Sin duda, los cambios sociales de las últimas décadas han sido profundos. Han transformado las formas de vida, tradiciones y valores que hilaban la manera como nos entendíamos y dábamos sentido a nuestros días. Sus causas se pueden rastrear en una multitud de factores que incluyen la expansión de la globalización y la estandarización en la manera de ver el mundo, así como también en la apabullante cultura global que ha desplazado antiguas tradiciones y formas de vida.

Más aún, este fenómeno de cambio se produce con un quiebre generacional. Las nuevas generaciones han crecido bajo una profunda globalización, tanto comercial como cultural. Los jóvenes no juegan con sus vecinos en la plaza, sino que se encuentran con sus contemporáneos de cualquier rincón del mundo en videojuegos en línea, desafiándose por medio de pantallas en una plataforma global. Jóvenes en Estados Unidos y China, Europa y África escuchan la misma música en Spotify y siguen a ciertos *youtubers*. Los clubes de fútbol europeos tienen más fanáticos en Asia que en su continente. Al visitar Tailandia o Filipinas, abundan las camisetas del Real Madrid, Barcelona, Paris Saint-Germain o Manchester United. El fenómeno de *Baby Shark* no conoce fronteras y pequeños de cualquier nacionalidad, geografía o idioma bailan al son de la misma canción. Las culturas locales han sido desplazadas por una cultura global, erosionando las tradiciones que marcaron a sus padres y abuelos. El mundo de la cultura popular se ha globalizado, relegando a grupos de música y clubes deportivos locales como ejemplos de lo que creaba el arraigo que había marcado la idiosincrasia de generaciones anteriores.

En paralelo, se ha creado un mundo más libre para los individuos, pero más inestable para familias y comunidades, según diagnostica el periodista especializado en política y columnista de *The New York Times*, David Brooks. La fragmentación de la familia, la vulnerabilidad económica y la limitada capacidad del Estado exacerbarían el desamparo, pues bajo su sombra surgirían ciertos discursos identitarios maniqueos —nosotros contra ellos—, bajo cuyo alero buscan cobijo y sentido de pertenencia los más desamparados.

En consecuencia, presenciamos un vacío de sentido y una desesperada búsqueda de identidad. Cuando somos más parte del mundo y menos de nuestra comunidad local, nos perdemos en la enormidad de fronteras, desaparece la noción de pertenencia y de identidad. Pertenecer a todas partes es no pertenecer a ningún lado. Los ciudadanos globales carentes del arraigo, de ese sentimiento tan humano, guardan un vacío difícil de llenar.

## 1.3.1. Confundidos y enojados

La confusión y el enojo de las sociedades se corresponde con el diagnóstico de Jonathan Haidt, psicólogo social y profesor de la Universidad de Nueva York. Su ensayo «Why the Past 10 Years of American Life Have Been Uniquely Stupid»,[9] establece que las principales instituciones que construimos con esfuerzo durante el siglo XX se han vuelto estúpidas. La enfermedad: la continua condena al disentimiento o «cancelación», como se ha tildado tal acto. Lo peligroso es que con ello se han creado condiciones que pueden hipotecar el progreso y la democracia.

Las democracias exitosas se han caracterizado por tres fuerzas colectivas que las mantienen unidas: un fuerte capital social basado en redes interpersonales extendidas, instituciones sólidas y las historias comunes de la población o mitos nacionales. «Todos nos engañamos en los noventa [...] pensando que la democracia liberal es fácil y natural. No lo es. Es difícil e innatural. Por ello, debemos comenzar a tomarla en serio», advirtió el intelectual.[10]

Parte del problema sería el desarrollo de tóxicas y extendidas relaciones sociales virtuales. Al comienzo, plataformas como Facebook eran inofensivas, pues sólo profundizaban relaciones existentes al compartir fotografías u opiniones con conocidos. Sin embargo, en la medida en que la gente comenzó a conectar más

9. Haidt, Jonathan, «Why the Past 10 years of American Life Have Been Uniquely Stupid», *The Atlantic*, 11 abril de 2022, <https://www.theatlantic.com/magazine/archive/2022/05/social-media-democracy-trust-babel/629369>.

10. Kelly, Jemima, «We Got Fooled into Thinking Liberal Democracy is Easy», *Financial Times*, 29 abril de 2022, <https://www.ft.com/content/c59f57c1-ba79-4856-a322-81a8f68df1b7>.

allá de sus conocidos y aparecieron dinámicas para dar *likes* o «repostear», comenzaron a viralizarse opiniones, artículos y condenas sociales que llegaron más allá de su círculo más cercano. El cambio, ocurrido en la primera mitad de la década de 2010, fue dulce y a su vez agraz. Cualquiera, con cierta habilidad o suerte en internet, podía convertirse en famoso de la noche a la mañana si alguno de sus *posts* se viralizaba, pero también cualquiera podría verse lapidado por comentarios odiosos.

«Las redes sociales han dado voz a muchos que antes no la tenían, pero también han armado a multitudes para insultar o condenar públicamente, de paso reafirmando nuestras virtudes, ideas o lealtades tribales. Estos nuevos juegos —explica Haidt— promueven las dinámicas de turbas.» Estas plataformas fomentarían nuestras versiones más moralistas y menos reflexivas, dejándonos a la deriva de «la turbulencia y debilidad de las pasiones no dominadas», como lo expresó James Madison al redactar la Constitución de Estados Unidos en el siglo xviii. Para uno de los «padres fundadores» era fundamental diseñar un proceso que enfriase las pasiones y frenase los arrebatos, que requiriera compromiso entre las partes y otorgase cierta distancia a los líderes políticos de las pulsiones del momento, pulsiones que ahora se habrían desatado en estos intensos, precipitados y casi anónimos espacios virtuales.

En lugar de reflexión, la frivolidad es lo que cunde en las redes sociales. Lo más complejo es que las descalificaciones han erosionado la confianza, valor fundamental para la legitimidad del sistema. El Edelman Trust Barometer —que mide la confianza de las personas en el gobierno, las empresas, la prensa y las fundaciones— ha mostrado niveles altos y estables en autocracias como China o los Emiratos Árabes Unidos, mientras que en democracias polarizadas como Estados Unidos, Inglaterra, España o Corea del Sur sufre un derrumbe preocupante. Esta erosión en la confianza, elemento fundamental para el buen funcionamiento de la sociedad, se refleja en la llegada al poder de líderes con aires autócratas —tanto en sistemas autoritarios como democráticos— que han marcado esta época en países tan distintos como Rusia, China, India, Brasil, Hungría, Polonia, Turquía, Arabia Saudita, Filipinas, México e incluso Estados Unidos.

La distancia que deshumaniza facilita los comentarios crudos, mezquinos y odiosos, los cuales, si bien no matan, hieren como dardos. Y millones de dardos pueden producir mucho daño, pero también, en manos de las masas, ayudan a mantener a los poderosos a raya. Sin el #MeToo no habría sido posible abatir de su pedestal a famosos personajes que abusaban de su posición. Sin embargo, advierte Haidt, este nuevo poder de las masas también ha traído injusticias. Primero, dando más poder a los odiosos y provocadores y silenciando a los buenos ciudadanos, pues en estas dinámicas los mesurados y reflexivos no atraen tanta atención como quienes gritan y descalifican. En esa línea, estos dardos otorgan más poder a los extremos políticos reduciendo las voces de las mayorías moderadas. Finalmente, los millones de dardos permiten a las turbas de tuiteros desatados ajusticiar a sus víctimas sin posibilidad de defensa. Gente inocente condenada a través de las redes ha sufrido consecuencias en la vida real, como perder su trabajo, o grotescas humillaciones que los han llevado al suicidio. Una plaza pública sujeta a las pulsiones de turno, advierte Haidt, crea una sociedad incapaz de capturar cualquier contexto, proporcionalidad, piedad o verdad antes de condenar.

Tal dinámica ha llevado a la autocensura y a la exacerbación de lo llamado «políticamente correcto» alentado por el pánico de ser víctima de una condena pública en las redes. En palabras de Jonathan Haidt, esto habría conducido a una «estupidización» estructural de múltiples instituciones que han erosionado tanto la densidad de la sociedad civil como la confianza interpersonal, en sus principales liderazgos y en la democracia, socavando la legitimidad de los sistemas liberales. Y de paso han creado un pánico crónico entre los líderes a ser víctimas de las redes. Entre ellos, muchas empresas, directivos, consejos e inversores han mostrado particular temor a estas amenazas, pues el riesgo para la reputación se ha vuelto cada vez mayor e inesperado. En este contexto, la necesidad de ser y parecer buen ciudadano se ha elevado entre las múltiples prioridades.

Nuestra sociedad habría encontrado obstáculos para razonar correctamente, entre ellos, el «sesgo de la confirmación», en el cual buscamos evidencia para reafirmar nuestras creencias preferidas. Un fenómeno que escala más aún con internet y las redes sociales, pues en una inmensidad de información es aquello que tenemos cerca lo poco que vemos.

La mejor cura para esto es la interacción con otros que no comparten las mismas certezas, permitiéndonos confrontar nuestras ideas con argumentos y evidencias diferentes. Quienes cierran la puerta a este tipo de interacciones sólo se encierran en sus propias verdades, muchas veces condenándose a la ceguera y a la estupidez. El vacío identitario refuerza estas dinámicas parciales, pues para muchos es aquella identidad parcial la que define parte de quien proyectan ser y, para otros, es la lucha identitaria lo que llena el vacío que carcome.

La creación de instituciones que permiten el intercambio de ideas y opiniones diversas ha traído progreso a nuestra humanidad. En la ciencia lo ha concretado por medio del método científico que contrasta evidencia con teoría para avanzar en el conocimiento. En las universidades se ha consagrado la independencia de pensamiento y el debate. En los medios de comunicación se ha progresado a través del intercambio de información abierto y honesto. En la justicia, por medio de la defensa de posiciones frente a un juez imparcial. En la política, a través del debate respetuoso entre opciones disímiles para ofrecer alternativas a los votantes. Y, en el sistema empresarial, ofreciendo múltiples propuestas de organizaciones, cada una con su identidad, que en su conjunto compiten por suplir las necesidades de la sociedad.

## 1.3.2. Intolerancia ante la intolerancia

Estos cambios en la sociedad han causado ciertas tensiones que han trastocado el complejo concepto de identidad, que tal como une a individuos también crea las bases para conflictos y violencia.

El premio Nobel Amartya Sen, en su libro *Identidad y violencia: La ilusión del destino*, explica cómo el sentido de identidad no sólo es fuente de orgullo y alegría, sino también de fortaleza y confianza. Pero la identidad también incorpora la percepción de distancia y divergencia con otros. La solidaridad entre «nosotros» puede conllevar una animadversión hacia «los otros». Muchos de los conflictos surgen de la ilusión de una única y predeterminada identidad. Cuando los individuos nos clasificamos en pequeñas cajas, las expectativas de paz social se adelgazan. Cuando en lugar de ser ruandeses somos sólo hutus, odiamos a los compatriotas tutsis. En lugar de ser yugoslavos pasamos a ser sólo serbios y a odiar a los compatriotas musulmanes. En sus formas más extremas, los sentimientos de identidad han sido capaces de justificar el asesinato en nombre de «nuestra gente».

En el desamparo es más fácil engañarnos en una identidad determinista, haciendo caso omiso a nuestras múltiples y diversas identidades, las que comprenden la libertad de elegir. Somos miembros de una variedad de grupos y podemos optar por priorizar la pluralidad de identidades reconociendo la belleza de ser diversamente diferentes. En el ejemplo del profesor Sen, una misma persona puede ser ciudadano estadounidense, de origen caribeño, con ancestros africanos, cristiano, liberal, mujer, vegetariano, corredor de maratones, historiador, profesor, novelista, feminista, heterosexual, creyente en los derechos sexuales, amante del teatro, activista ambiental, fanático del tenis, músico aficionado de jazz y convencido de la existencia de otros seres inteligentes en otras galaxias. De más está agregar la identidad como parte de una familia nuclear, de una familia extendida, de un barrio, de una comunidad de padres en un colegio, de quienes disfrutan de un parque en particular, de quienes compran el pan en una determinada panadería, de quienes disfrutan cierto tipo de comidas o de las tradiciones de una patria. En estas numerosas diversidades somos capaces de identificarnos con la humanidad y alejarnos de visiones sectarias, caldo de cultivo para la violencia.

Nada une más a un grupo humano que un enemigo común. Los enemigos comunes y los mártires son parte del imaginario de las naciones. Pero cuando los países, como Estados nación, se debilitan en una mayor compenetración global a escala comercial y cultural, sus gentes se desorientan. Cuando las religiones se erosionan, hay que buscar nuevos ídolos y villanos para restablecer el compás moral.

Lo mismo ocurre en el terreno político que ha cruzado la frontera de lo público a lo más personal. Los debates del sector sobre la regulación, libre mercado o política internacional han sido reemplazados por discusiones más apasionadas sobre derechos sexuales, políticas de diversidad racial y de género, medioambiente o defensa de los derechos de la naturaleza o los animales. En definitiva, la política ha comenzado a reflejar opciones de vida y, por ende, las alternativas políticas se vuelven más personales y menos comunitarias, generando las bases para una creciente intolerancia a lo distinto. Una encuesta de Gallup reflejó una dramática alza en el rechazo a la opción de que un hijo o hija contraiga matrimonio con alguien del bando opuesto del espectro político.

En Occidente, las democracias liberales han quedado desconcertadas sin saber bien cómo ejercer la tolerancia que las caracteriza frente a este fenómeno. Karl Popper, notable intelectual que marcó el siglo XX, se preguntaba en su famosa paradoja: ¿debemos ser tolerantes con los intolerantes?

En sistemas complejos —como nuestra sociedad— basta una minoría brutalmente intransigente para imponer sus preferencias sobre la mayoría, pues la interacción entre las partes define el resultado. El físico francés Serge Galam aplicó a las ciencias sociales el principio de renormalización por intransigencia, estableciendo que la formación de valores morales y de principios políticos en una sociedad no surgiría necesariamente por la evolución de consensos, sino por la imposición del grupo más intolerante.

La receta de Popper frente a su paradoja es clara: para salvaguardar la democracia, la tolerancia y la libertad de opiniones y evitar la tiranía de una minoría intransigente no se debe tolerar la intolerancia. Frente a la lógica de intimidación, a lenguajes maniqueos que separan el mundo —o las empresas— en buenos y malos, al escarnio y al linchamiento público de aquellos que opinan diferente y a la violencia, no debemos ser tolerantes.

### 1.3.3. ¿Quiénes son los superhéroes?

La confusión social que plasma la miríada de superhéroes y villanos de Hollywood da una pista de lo que nos sucede como sociedad. Los tiempos en que la taquilla marcaba claramente a un superhéroe de la época, con Superman en los ochenta, Batman en los noventa o Spiderman en el comienzo del milenio, parecieran haberse acabado. Incluso la última película de James Bond, *Sin tiempo para morir*, quiebra con su tradición al darle un perfil familiar al personaje, hacer un guiño a los cambios sociales dando el puesto de Agente 007 a una mujer afroamericana y, finalmente, al permitir la muerte del agente sacrificándose por los suyos. Una oda al quiebre de una época y al comienzo de una nueva. Pero, al mismo tiempo, James Bond sigue siendo el héroe de las escenas de acción, bellas mujeres y coches excepcionales.

En los últimos años, Hollywood ha promocionado una infinidad de superhéroes: Aquaman, Shazam, Deadpool, Capitana Marvel, Pantera Negra, el Hombre Hormiga y todos los Vengadores (*The Avengers*). Sin embargo, la historia de un villano en *Joker* (2019) dio en el clavo. Su taquilla superó los 1.000 millones de dólares.

En medio del desamparo y el fracaso, el comediante Arthur Fleck —*alter ego* del Joker— encuentra un propósito de vida en la venganza contra un sistema hostil del que se siente excluido. En su violento despertar se convierte en el símbolo de protestas masivas que tristemente se podían parangonar con las persistentes manifestaciones sociales que se estaban produciendo en la realidad en diversas ciudades del mundo.

El éxito de *The Joker* resuena con la tesis del intelectual inglés Douglas Murray, que conecta el derrumbe de los relatos tradicionales que daban propósito a la vida —entre ellos, la religión y las grandes ideologías políticas— con un vacío metafísico. En respuesta a ese vacío, sugiere en su libro *La masa enfurecida*, nos aferramos a nuevas batallas, muchas veces muy específicas, para encontrar un sentido, luchando contra cualquiera que se encuentre en el lado contrario.

Bajo esa mirada, argüir cualquier progreso conseguido es infructuoso, pues —según Murray— sería contrarrestado por el síndrome de San Jorge, quien después de haber matado al dragón siguió buscando más batallas gloriosas. Sin importar cuánto hayamos conseguido, el vacío y frustración prevalentes necesitan de dragones para justificar su lucha. *The Joker*, antes de asesinar en pantalla a su otrora ídolo televisivo, advierte: «En este sistema que tanto conocemos, vosotros decidís lo que es bueno y malo, tal como decidís lo que es divertido y lo que no».

En la búsqueda de pertenencia, la gente se ha volcado hacia el Estado. Pero es difícil que una entelequia impersonal como el Estado pueda suplir el desamparo ante el debilitamiento de los vínculos con la comunidad y la familia.

En este vacío se enmarcan las nuevas demandas del rol de la empresa, la cual también es una comunidad. Y yacen gran parte de las causas de la erosionada legitimidad del sistema y sus instituciones, ausentes en la narrativa anecdótica que trae la contingencia. Pues pasamos largas horas en el trabajo y su propósito es una fuente de sentido, tanto por la comunidad que formamos con los demás profesionales como por la misión común que orienta el actuar de las empresas y sus empleados.

La frustración con el sistema y la sociedad plasmada en la película *The Joker* y los vacíos identitarios a los que se refiere Douglas Murray han afectado a la empresa, pues su actuar se ha enmarcado dentro de las críticas al sistema. Las consignas más llamativas de las protestas condenan a las empresas y los gobiernos. Son pocas las instituciones y liderazgos que se salvan cuando las personas se juntan en las calles a protestar.

A su vez, ciertas políticas de identidad han creado fuertes focos de intolerancia, en donde las condenas sociales y la «cancelación» se han vuelto prevalentes. Entre los círculos ambientalistas se han dado fuertes repudios contra empresas, sus ejecutivos y los empleados. Entre aquellos que defienden temas de género, diversidad o derechos sexuales, se han levantado fuertes banderas contra opiniones disidentes y varios liderazgos empresariales han caído por ser percibidos ajenos a lo políticamente correcto.

En esta polarización político-social sumada a la carencia de claros ideales en la sociedad, las empresas están intentando adaptar su rol y su propósito. Por una parte, muchos de sus empleados ven en su trabajo una fuente relevante de identidad y sentido, creando presiones para que las empresas también se manifiesten frente a las tensiones políticas que dividen a la sociedad, poniendo en una encrucijada a ejecutivos y direcciones, quienes, si bien no necesariamente quieren ser superhéroes, tampoco quieren ser los villanos de la película.

### 1.3.4. Un coro de tensiones

Las empresas deben estar alertas y ser receptivas a los cambios de la sociedad para entender qué subyace bajo la violencia e intolerancia que han tomado relevancia en el terreno político y social de múltiples países. La falta de pertenencia es una causa probable. Una buena receta para contrarrestarla es crear fuentes de identidad constructivas, que amplíen el horizonte de lo que somos como seres humanos, que resalten la capacidad de elegir quién queremos ser y priorizar aquellas fuentes de identidad en las que exista el encuentro y la interacción.

Las empresas tienen mucho que aportar. Si el mundo empresarial se queda esperando que aparezca un superhéroe que venga a salvarnos es posible que terminemos mal, muy mal.

Para salvar la libertad y diversidad del sistema empresarial, es determinante seguir la receta de Popper: ser intolerante con la intolerancia y defender con fuerza la libertad que tiene cada compañía de elegir su rol y su sentido empresarial.

El espacio de debate acerca del papel de la empresa en asuntos políticos y sociales se ha extendido al campo de los representantes de los accionistas, quienes han intentado hacerse con esta cuestión por encima de los consejeros y ejecutivos. En Estados Unidos, muchas juntas de accionistas se han transformado en verdaderos debates políticos. Donde otrora primaban los criterios de los gerentes hoy se levantan coros de activistas intentando influir en las políticas y liderazgo de la empresa, en conflictivas áreas ajenas a resultados financieros.

En estas reuniones, cualquier accionista puede proponer una iniciativa que podrá ser votada bajo el principio de «una acción, un voto». En esta lógica han comenzado a ser cada vez más prevalentes las *proxy battles* o peleas de votos para aprobar diferentes propuestas.

Generalmente estas batallas surgían por presiones de inversores para cambiar la estrategia o manejo de la empresa en la búsqueda de mayores beneficios. Sin embargo, las iniciativas medioambientales y de impacto social han comenzado a ser cada vez más relevantes.

En la junta de accionistas del gigante petrolero ExxonMobil en 2021, el diminuto *hedge fund* Engine No. 1, que contaba con un nimio porcentaje de acciones, doblegó a la gerencia al llevarse asientos en su consejo proponiendo un drástico cambio de estrategia basado en un mayor compromiso con el cambio climático y en la reducción de emisiones, lo que revertiría los escasos beneficios. Esta victoria fue posible gracias al apoyo de inversores institucionales.

Muchos inversores han hecho propia esta agenda medioambiental justificando el riesgo financiero que el cambio climático traería a su porfolio a largo plazo. Esto ha llevado a priorizar el tema en consejos y gerencias, lo que ha redundado en múltiples compromisos de neutralidad en carbono o reducción de emisiones por parte de grandes empresas.

También ha habido un auge en los temas de diversidad, inclusión e igualdad en el que incluso han irrumpido fundaciones y *think tanks* comprando acciones para levantar esas banderas de lucha en las políticas de las compañías.

Un interesante caso de estudio fue la junta de accionistas de 2022 de Johnson & Johnson, la gigantesca multinacional de salud con un valor de casi medio billón de dólares. Dos fundaciones asociadas a partidos políticos con agendas de pensamiento muy disímiles compraron acciones de la compañía con el fin de exigir auditorías a las políticas de igualdad racial de la empresa. Lo complicado fue que, por un lado, uno de los inversores la acusaba de no haber implementado suficientes medidas para favorecer a minorías raciales, mientras que el otro sostenía que esos programas serían discriminatorios, pues al favorecer a ciertas razas excluirían a quienes no contribuirían con una «diversidad» predefinida.

En el mismo ciclo de juntas de accionistas de 2022, el New York State Common Retirement Fund, uno de los principales fondos de pensiones públicos de Estados Unidos, hizo una propuesta a los accionistas de Amazon para que se realizara una auditoría independiente sobre seguridad en el trabajo, desagregando los datos por raza y género. La razón para ello fue que la compañía había sido acusada de poner un número desproporcionado de empleados afroamericanos en sus almacenes, donde las tasas de accidentes serían superiores al promedio de la industria. La administración de Amazon acordó hacer la auditoría. Los dilemas sobre el ser y el parecer también afectan a administradoras de capitales producto de los cambios sociales. Más aún, tales dilemas se pueden prestar para promover discursos de impacto social con las cuales podrían justificar mayores comisiones a quienes aporten sus capitales, otorgando una sensación de «buenismo» cuyas bases están lejos de ser robustas. Esto acarrea también la posibilidad de instrumentalizar a las empresas y sus recursos para cultivar reputaciones individuales de ejecutivos y administradores de capitales, creando espacios para conflictos de intereses entre los dueños de las empresas, las personas y sus ahorros.

Las presiones por «ser» y «parecer» buen ciudadano también son capaces de entorpecer el equilibrio entre los principios de justicia, sentando las bases para un «buenismo» que beneficie las reputaciones de ejecutivos, consejos o representantes de los accionistas a costa de complicar el buen funcionamiento del sistema económico, con consecuencias moralmente negativas para la sociedad.

### 1.3.5. ¿Quién decide?

¿Quién debe decidir cuándo corresponde a una empresa, a un gerente o a un consejo manifestarse y actuar frente a encrucijadas sociales, políticas o morales?

Los gobiernos corporativos de las empresas rara vez se han hecho cargo de asignar claramente estas decisiones, generando zonas grises que pueden ser sumamente complejas, pues crean bases para hacer de las empresas terreno político entre diferentes agentes, los que pueden empujar su rol hacia dimensiones poco apropiadas por convicción, interés o temor.

Cuando las compañías toman una posición sobre estos temas comprometen su reputación e imagen en medio de álgidos debates. Dados los profundos cambios que experimenta nuestra sociedad, estas disyuntivas se han vuelto personales, tensionando el terreno político e incluso las relaciones sociales en la comunidad. Exponer a la empresa a estas circunstancias no sólo es una apuesta arriesgada, sino que también puede ser un despropósito.

Peor aún, ejecutivos y directores están siendo empujados por heterogéneos accionistas, por sus empleados, por el temor a ser los malos de la película, en ocasiones también por grupos de clientes, otras veces por las expectativas de la comunidad o incluso sus correspondientes políticos a pronunciarse y decidir sobre cuestiones tan complejas como la justicia racial, la igualdad de género o el cambio climático, llevándolos a terrenos ajenos al ejercicio usual de sus funciones, que sería la producción de bienes y servicios requeridos por la sociedad por medio de la organización eficiente de las personas y el capital.

Tales decisiones ya son complejas, pues muchas veces «ser» un buen ciudadano implica equilibrar diferentes principios de justicia, cuya aplicación requiere criterio, sentido común y una profunda reflexión.

Lo peligroso es que, más allá de «ser», algunos intentan «parecer» un superhéroe, cayendo en consignas, emociones y pulsiones sociales capaces de condenar a quien se les cruce como políticamente incorrecto. El pavor de los ejecutivos e inversores frente a estas amenazas arriesga la «estupidización» del rol de la empresa, en el sentido dado por Jonathan Haidt; una frivolidad que puede convenir a reputaciones individuales, pero a costa de arriesgar el buen funcionamiento del sistema empresarial.

¿Corresponde a las empresas pronunciarse en estos temas? ¿Qué circunstancias justificarían una intervención de las compañías? ¿Y a quién le corresponde decidir al respecto? La respuesta frente a esta cuestión radica nuevamente en la definición del sentido y rol empresarial. Por ello, una mirada histórica a su evolución y contexto puede ayudarnos a entender cómo hemos llegado a esto.

# 2

## ¿Cómo hemos llegado a esto?

### 2.1. Milton Friedman: su tiempo y su doctrina

La segunda parte de este libro es un esfuerzo por entender cómo hemos llegado a esta situación, a través de una mirada histórica del escenario en el que se enmarca este debate. En otras palabras, cómo ha cambiado el entorno político, económico y social de la empresa, cómo ha evolucionado la figura de gerentes y directores, para finalmente reflexionar sobre el impacto de los cambios en el mercado de capitales y las formas en que finalmente se articulan la propiedad y la administración.

Dada la influencia de Milton Friedman en el consenso que ha dominado el entendimiento del rol y sentido empresarial en las últimas décadas, es fundamental comprender el contexto y trasfondo de su propuesta. A lo largo de los años, los postulados de Milton Friedman sobre el libre mercado han sido caricaturizados, tomando como ejemplos casos extremos como el de Martin Shkreli, un joven estadounidense que protagonizó una polémica en el ámbito empresarial, lo que hizo que levantaran la voz quienes discrepan de las bondades del libre mercado que defendió el economista y académico de Chicago.

Cofundador de un *hedge fund* y controlador de Turing Pharmaceuticals, Martin Shkreli, con apenas treinta años, compró la patente de Daraprim, un remedio estándar para tratar infecciones parasitarias como la malaria. Completada la transacción, Turing subió de inmediato el precio del fármaco desde 13,50 dólares a 750 dólares, elevando brutalmente el coste del tratamiento para los pacientes. Ante la arremetida de quejas y críticas, Shkreli defendió la medida ante la necesidad de fondos para desarrollar mejores tratamientos para las infecciones, arguyendo que la baja demanda del fármaco justificaría un precio ajustado al de enfermedades menos comunes. A sus explicaciones no ayudaron que Daraprim se utilizase también en situaciones de riesgo vital, en particular para mitigar la toxoplasmosis, enfermedad que amenaza la vida del feto en embarazadas.

La polémica llegó a los medios, en los que el joven neoyorquino justificaba su decisión en la libertad de empresa, la que le permitía definir el precio de sus productos.

El desenlace para Shkreli y Turing Pharmaceuticals fue desastroso. Su agresiva apuesta generó múltiples denuncias legales. Por un lado, demandas colectivas (*class action*) por las que terminó pagando 28 millones de dólares. Luego desembolsó otros 65 millones de dólares por las demandas de compañías de seguros que lo obligaron a devolver lo que había ganado, además de ser vetado, de por vida, para participar en la industria farmacéutica. A esto se sumó ser enjuiciado por atentar contra la libre competencia y abusar de su posición de monopolio, amén de haber sido desollado vivo en la plaza pública virtual. Shkreli terminó en prisión, aunque no por el caso de Daraprim, sino por una investigación sobre otros delitos financieros, en los que seguro que sus antecedentes no lo ayudaron. Fue condenado a siete años de cárcel.

¿Acaso Turing Pharmaceuticals tenía el derecho a elevar los precios de su nuevo fármaco? ¿Acaso Shkreli no estaba simplemente maximizando los beneficios de la empresa dentro de las reglas establecidas, siguiendo los postulados de Friedman? ¿Cuál es el punto en el que la libertad de mercado se cruza con la legitimidad de operar libremente para una empresa?

El debate sobre la justicia del alza de precios y el libre mercado toca una cuestión profunda relacionada con los principios de justicia, los cuales no están impresos en piedra en nuestra sociedad, sino que el énfasis entre unos y otros va migrando según el correr de las décadas. Sin embargo, antes de abordar el concepto de justicia en el libre mercado, vale la pena analizar la propuesta de Milton Friedman y lo que ha pasado con nuestra sociedad desde entonces.

### 2.1.1. Lecciones aprendidas

En el pasado, así como en la actualidad, la empresa ha estado tensionada por los debates que sacuden a la sociedad. Friedman fue testigo del New Deal que lideró el presidente Franklin Delano Roosevelt en respuesta a la gran depresión que azotó a su país y al mundo en 1930. Esta política contribuyó a sentar las bases para un estado de bienestar y determinó el orden político estadounidense bajo el cual Washington concentró un inédito peso político y económico.

La Segunda Guerra Mundial dio un impulso adicional a la acumulación de recursos en el gobierno federal dada la necesidad de dirigir la economía para derrotar al nazismo. Terminada la guerra, con los cañones aún calientes, se levantó el telón de hierro en Europa y se encendió la Guerra Fría. El escenario era una Europa destrozada, cuyas alicaídas democracias liberales estaban amenazadas por el espectro del comunismo. Estados Unidos puso en marcha el agresivo Plan Marshall para acelerar la recuperación económica y defender la democracia frente a la influencia del bloque soviético.

En una economía en la que el Estado abarcaba prácticamente todas las áreas, Milton Friedman —un inmigrante judío de pocos recursos— propuso en 1962 una doctrina que para entonces, a todas luces, era subversiva. «Hay una única responsabilidad social de la empresa: dedicar sus recursos y realizar sus actividades con el objetivo de incrementar sus beneficios, manteniéndose dentro de las reglas del juego, esto es, participando en una competencia abierta y libre, sin fraudes ni engaños», sentenció en su libro *Capitalismo y libertad*.

El economista ahondaba en sus postulados preguntándose:

si un gerente tuviese una responsabilidad social distinta a aumentar los beneficios para sus accionistas, ¿cómo podría definirla? ¿Puede acaso un individuo privado establecer arbitrariamente cuál es el interés social? ¿Sabría ese individuo determinar a cuánto sube la suma que deben aportar la empresa y sus dueños para servir a un cierto interés social?

Cuando Friedman nació en 1912, el gasto del gobierno en Estados Unidos era de apenas 693 millones de dólares, casi un 2 por ciento del producto interno bruto (PIB); medio siglo más tarde, en 1962, esa cifra se había multiplicado a casi 100.000 millones de dólares, equivalente al 30 por ciento del PIB. En la historia hay pocos ejemplos comparables sobre crecimientos tan vertiginosos como el del Estado durante el siglo xx. Tal concentración de recursos no fue exclusiva de este país, sino que se dio en todo el mundo desarrollado: Inglaterra, Francia, Japón y, sin duda, Alemania. Un cambio copernicano en la relación del Estado con sus ciudadanos.

Así, el auge del colectivismo, un gran empoderamiento del gobierno central y una fuerte injerencia del Estado en la economía caracterizaron los tiempos en que el joven Friedman dio sus primeros pasos en el mundo profesional.

En los años de preguerra, el debate intelectual estaba empapado de las ideas de John Maynard Keynes, quien hacía hincapié en el rol del Estado como administrador de los excesos del mercado y los «espíritus animales» que primaban cuando se limitaba el rol interventor estatal.

Éste fue el discurso que reconfortó al mundo político y a las personas tras el derrumbe bursátil de 1929 y la profunda depresión que asoló al mundo en la década de 1930. Toda crisis necesita un culpable. Y las ideas de Keynes identificaban al *laissez faire* y al mercado como fuerzas que debían ser administradas con la mano firme del Estado. El presidente Franklin Delano Roosevelt (1933-1945), el gran revolucionario de la época, se rodeó de un puñado de profesionales jóvenes, quienes tuvieron campo abierto para experimentar con las políticas keynesianas que sentaron las bases económicas de su época. «A lo único que debemos temer es al temor», fue la frase del discurso inaugural del presidente Roosevelt con la que reflejaba el ánimo de implementar ideas otrora impensadas en Estados Unidos, con el fin de revertir la creciente pobreza que trajo la crisis, recuperar la economía a niveles normales y reformar el sistema financiero para evitar otra depresión, basándose en gran medida en la intervención directa del Estado en la economía.

El sistema liberal capitalista fue puesto en el patíbulo como el principal culpable de la más profunda, catastrófica y larga depresión económica. El libre mercado, con sus desenfrenos y excesos, habría sido el culpable de derrumbar la economía en la profunda depresión que se abatió sobre familias, comunidades y países. Esta idea resonó entre el público y la prensa, pues era fácil asociar la crisis con el crac bursátil de septiembre de 1929, atribuyendo a un síntoma el origen de la enfermedad. Estas ideas fueron calando en la sociedad, generando un clima propicio para el New Deal. Gran parte de los principales asesores de Roosevelt guardaban simpatía por las ideas soviéticas, una potencia en crecimiento que inspiraba admiración en varios círculos occidentales de la época.

Sin embargo, para Friedman, las causas de la depresión se pueden encontrar en los errores de la política monetaria y fiscal. En *A monetary history of the United States, 1867-1960* (1963), Milton Friedman y Anna Schwartz atribuyen la responsabilidad de la crisis a quienes implementaron políticas contractivas, tanto de la base monetaria como de la actividad económica, transformando lo que habría sido una desaceleración en una inédita depresión económica que devastó familias, empresas y equilibrios políticos. La tragedia elevó el desempleo a niveles no recordados, generó una brutal contracción de la actividad económica, particularmente en el mundo industrializado, y empujó al precipicio financiero a muchísimas personas y empresas cuyas deudas crecían en términos reales por la fuerte deflación, mientras el comercio internacional se reducía a menos de la mitad.

*American Default* (2018),[11] escrito por Sebastian Edwards, es una notable crónica del ánimo de esa época y de las políticas

---

11. Edwards, Sebastian, *American Default: The Untold Story of FDR, the Supreme Court, and the Battle over Gold*, Princeton University Press, Estados Unidos, 2019.

aplicadas. El libro ofrece una clara explicación del poco reconocido *default* de la deuda estadounidense cuando Roosevelt rompió el patrón oro de la política monetaria e impuso la violación unilateral del derecho de convertibilidad en oro de los contratos, lo que distribuyó las pérdidas económicas de la crisis entre los bolsillos de prestamistas y contribuyó a la recuperación del país.

## 2.1.2. Titanes industriales sin competencia global

«Lo que es bueno para General Motors es bueno para el país», sentenció Charles Erwin Wilson frente al comité del Senado estadounidense en 1953, cuando el ex-CEO de la empresa más grande de Estados Unidos respondía a potenciales conflictos de intereses entre la compañía que había dirigido —de la que mantenía acciones— y sus nuevas responsabilidades como secretario de Estado. El argumento de Wilson reflejaba gran parte del pensamiento que prevalecía a mediados de siglo XX, en una época en la que las grandes empresas representaban el orgullo y bienestar del país. En este período, el desarrollo de las compañías estaba enmarcado principalmente dentro de las fronteras nacionales. General Motors operaba mayormente en Estados Unidos y producía gran parte de los automóviles que compraban los estadounidenses. Efectivamente, cuando le iba bien a Estados Unidos, le iba bien a General Motors.

Desde la posguerra hasta comienzos de los setenta, las grandes empresas estadounidenses habían consolidado su posición sin enfrentarse a mucha competencia del exterior. El desarrollo tecnológico, la ciencia de la administración y productividad, sumado a altas tasas de crecimiento y la baja inflación, junto con elevados costes de transporte y barreras arancelarias, les había dado una posición privilegiada. Testimonio del vibrante auge económico fueron el fuerte crecimiento en la producción de los cuatro materiales fundamentales de la vida moderna, según los define el profesor Vaclav Smil.[12] Entre 1940 y 1973, la produc-

12. Smil, Vaclav, *How the World Really Works. The Science Behind How We Got Here and Where We're Going*, Viking, Estados Unidos, 2022.

ción de acero se cuadruplicó, de cemento se sextuplicó, de síntesis de amonio —principalmente para fertilizantes y producción de alimentos— se octuplicó y de plástico se multiplicó veintiséis veces. La extracción de petróleo se sextuplicó.

El auge económico global y el limitado movimiento internacional de bienes y personas presionó al alza los salarios y elevó los estándares de vida en todos los niveles, creando una gran clase media que acrecentó más aún el tamaño de las ciudades, dejando atrás las zonas rurales. La prevalencia de inmigrantes en 1970 en Estados Unidos era de apenas un 5 por ciento, en contraposición al 15 por ciento que existe actualmente.

Las grandes compañías de la época eran principalmente titanes industriales, basadas en el capital y la mano de obra, con la planta de producción como piedra angular de sus operaciones. Lideraban la lista General Motors, General Electric, ITT, Ford y Chrysler, acompañadas de gigantes energéticas como Exxon, Mobil y Texaco. Entre todas ellas, llamaban la atención IBM y AT&T, que si bien no eran relevantes en términos de ingresos, lo eran por su valor de mercado, una premonición del auge de las empresas tecnológicas en las décadas que vendrían.

Las grandes inversiones domésticas de estas industrias crearon una fuerte interdependencia con sus comunidades. Era una época en la que un empleo en una de las grandes compañías era parte integral del sueño americano. Un trabajo en General Motors, además de un salario, otorgaba prestigio, orgullo e incluso identidad, tanto entre los ejecutivos como en los operarios. Además, el New Deal fortaleció el rol de los sindicatos, que no perdieron su oportunidad y consiguieron fuertes beneficios, posibles entonces por la limitada competencia en el protegido y creciente mercado estadounidense. Icónico fue el Tratado de Detroit de 1950, en el que las tres principales empresas automovilísticas concedieron extraordinarios beneficios a sus sindicatos, incluyendo generosas coberturas de salud y pensiones, a cambio de cinco años de paz, es decir, sin revueltas ni huelgas. Sin embargo, estas concesiones pasaron factura. Cuando la economía estadounidense se abrió a la competencia con automovilísticas extranjeras, tales beneficios se tradujeron en una gran desventaja que casi llevó a la quiebra a muchas de ellas.

A mediados del siglo xx, entre los gerentes se empezó a gestar la idea de que administrar la empresa sólo para los accionistas no era necesariamente lo adecuado, especialmente cuando los altos beneficios, que no eran tan difíciles de conseguir, permitían financiar nuevos proyectos, evitando la necesidad de recurrir al mercado de capitales para pedir dinero. Durante estas décadas, comenzó a popularizarse la idea de que la empresa se debía a múltiples grupos. Se citaban ejemplos clásicos como el de Henry Ford, quien a comienzos de siglo duplicó el salario de sus empleados a 5 dólares por día argumentando: «Si mis trabajadores no pueden comprar un Ford T, ¿quién puede hacerlo?». Cuando se ponían estos ejemplos, no siempre se recordaba que tal política salarial también redujo drásticamente la rotación y el absentismo y trajo mayor productividad a las líneas de producción de Ford, en un momento en que escaseaba la mano de obra calificada.

En la Universidad de Harvard, algunos académicos articulaban una visión de la empresa que decía que los gerentes se debían a los accionistas, empleados, clientes, el público en general y, primordialmente, a la empresa misma como institución. En 1950, Peter Drucker —uno de los gurús de la época— sugirió que los gerentes debían lealtad a la empresa misma, en lugar de a grupos específicos como accionistas, trabajadores o clientes.

Estas ideas de la academia, que riman con el debate actual sobre el rol empresarial, influyeron en los ejecutivos, quienes detentaban un poder casi de hombres de Estado, pues el tamaño de sus organizaciones había llegado a niveles nunca antes vistos en la historia. Bajo su alero se cobijaban cientos de miles de empleados y familias. En 1949, el presidente de General Foods declaró frente al Congreso tener una responsabilidad triple: con los consumidores, con sus empleados y con sus accionistas. «No serviríamos correctamente a los intereses de la empresa si inclinásemos demasiado los frutos de nuestro trabajo hacia cualquiera de estos grupos.» En esos años, el presidente de Standard Oil de Nueva Jersey —hoy ExxonMobil— reconoció mantener un equilibrio entre las demandas de los múltiples grupos de interés que componían su empresa: accionistas, empleados, clientes y el público en general. Tales miradas comenzaron a hacerse tan prevalentes que la revista *Harvard Business Review* resaltaba que resultaba impopular para las empresas jactarse de ganar dinero. En cambio, lo popular era demostrar ser un gran innovador y gran benefactor, y en particular presentarse como un «servidor público».[13]

Durante estas primeras décadas de la segunda mitad del siglo XX, la Unión Soviética exhibía logros tecnológicos que despertaban admiración en círculos intelectuales. El «Sputnik *shock*» generó pánico en Occidente, cuando el Kremlin lanzó exitosamente el primer satélite espacial en 1957 y luego hizo de Yuri Gagarin el primer ser humano en orbitar la Tierra en 1961. Los éxitos soviéticos en la carrera espacial llevaron a muchos a cuestionar los cimientos del modelo liberal estadounidense y sustentar más aún el coqueteo con las ideas colectivistas y un mayor poder del Estado.

Las respuestas intelectuales al crecimiento del poder estatal no se hicieron esperar. Los libros de Ayn Rand, autora rusoamericana, marcaron un contrapunto en el período. Su novela *El manantial*, publicada en 1943, se levantó como una profunda crítica a los estándares convencionales del colectivismo: su conformismo, cinismo y degeneración de los valores individuales. El personaje principal, Howard Roark, encarnaba los ideales del individualismo, haciendo hincapié en las virtudes de la superación personal y del trabajo abnegado. Rand y su discurso, contrario al de su época, fueron rechazados por múltiples editores antes de conseguir publicar su primer éxito literario.

Los libros de Ayn Rand, *El manantial* (1943) y *La rebelión de Atlas* (1957), entre muchos otros, fueron una expresión cultural del movimiento que buscaba defender la libertad individual, cuyos contemporáneos notables, como Ludwig von Mises y Friedrich Hayek —ambos de origen austriaco—, revivieron las ideas

---

13. Wells, Harwell, «The Purpose of a Corporation: A Brief History», *Temple 10-Q*, <https://www2.law.temple.edu/10q/purpose-corporation-brief-history/>.

del liberalismo clásico, defendiendo la libertad y alertando contra la concentración de poder estatal. Von Mises se caracterizó por su trabajo comparando el comunismo y el capitalismo. Hayek, cercano a Friedman, alertó sobre las amenazas de la concentración del poder en su famoso libro *Camino de servidumbre* (1944).

Sin embargo, la marea intelectual, pública y empresarial se había cargado con fuerza hacia las ideas colectivistas, bajo la noción de que el gobierno podía administrar efectivamente un creciente poder para dirigir la economía en aras del interés público.

En 1970, Ralph Nader —académico, abogado, candidato presidencial y activista de los derechos del consumidor— promovió la necesidad de integrar tres representantes del «interés público» en el consejo de General Motors, la principal empresa estadounidense, como punta de lanza en una campaña que extendió a otras compañías.

Los vientos comenzaron a cambiar con el correr de la segunda mitad del siglo xx, dados los contrastes entre el progreso de Hong Kong y Taiwán con la China de Mao Zedong, entre el auge de la República Federal de Alemania versus la gris Alemania Oriental, y las brutales diferencias entre el auge de Corea del Sur y la realidad de Corea del Norte.

Según Friedman, las crisis resultan ser momentos de aceleración, pues en ellas se adoptan las ideas disponibles. La experiencia directa es también un gran catalizador de ideas. Los cambios en el clima de opinión son mucho más propensos a suceder por experiencias directas que por teorías o argumentos filosóficos. Y eso parecía estar sucediendo.

Tras décadas de recuperación y fuerte crecimiento, el *shock* del petróleo y la crisis energética de los setenta sumieron a Occidente en una larga crisis económica de fuerte inflación, alicaído crecimiento y constante desempleo. En esta ocasión, las ideas disponibles eran otras y catalizaron la elección de Ronald Reagan en Estados Unidos y Margaret Thatcher en Inglaterra. Algunos analistas recalcan cómo Reagan tuvo una victoria aplastante en 1981 con las mismas ideas que propuso el candidato presidencial Barry Goldwater en 1964, quien perdió ampliamente contra el demócrata Lyndon B. Johnson. Las ideas eran las mismas, pero la opinión pública había girado 180 grados en menos de veinte años.

### 2.1.3. Una única responsabilidad social de la empresa

Milton Friedman publicó en 1970 un influyente artículo en *The New York Times* exponiendo su controvertida posición respecto al rol de la empresa. «Hay una única responsabilidad social de la empresa: dedicar sus recursos y realizar sus actividades con el objetivo de incrementar sus beneficios, manteniéndose dentro de las reglas del juego, esto es, participando en una competencia abierta y libre, sin fraudes ni engaños.»

En el texto, el economista reconocía el clima de opinión contrario al capitalismo y al lucro, sin embargo, criticaba duramente a los gerentes que hablaban de la «conciencia social» de sus empresas y decían no estar interesados sólo en las ganancias, sino también en promover objetivos «sociales». A ojos de Friedman, estos gerentes eran torpes títeres de las ideas que habían erosionado las bases de una sociedad libre.

La «responsabilidad social de la empresa», decía, se caracterizaba por su ligereza analítica y falta de rigor. Proponía que para hablar de las responsabilidades de una empresa correspondía preguntarse «qué implica para quién».

Entonces, Friedman planteaba que son las personas las que tienen responsabilidades. Cada uno de nosotros tenemos responsabilidad con nuestras familias, nuestra conciencia, nuestro trabajo, nuestra comunidad, nuestro país, nuestros prójimos. Sin embargo, cuestionaba que las empresas, como instituciones jurídicas creadas con un fin particular, las tuviesen. Reconocía a las empresas como un medio para articular recursos, cuyas operaciones están regidas por leyes y normas éticas aceptadas por la sociedad. Falto de escrúpulos, Martin Shkreli infringió estas últimas, pues al participar en el área de la salud se encontró con un sector particularmente sensible a sus principios éticos y responsabilidades con la sociedad. Principios y responsabilidades que no supo respetar.

A su vez, las grandes empresas son administradas por gerentes, quienes por supuesto también son individuos. Como tales, tienen sus propias responsabilidades. Sin embargo, entre ellas guardan una responsabilidad con quienes les han confiado su patrimonio en la empresa y el mandato que les han entregado. Confundir sus responsabilidades individuales con las de la empresa es un problema, decía Friedman. Por cierto, tal conflicto no se presenta en empresas donde los mismos propietarios la administran, como sucede en compañías familiares de talla pequeña o mediana. Pero en las grandes empresas listadas en bolsa, con miles de accionistas, permitir tal escisión entre los intereses de los miles de accionistas y quienes tienen el encargo de manejarlas genera problemas profundos a las instituciones que han formado el sistema de libre mercado.

«¿Qué significa que un ejecutivo tenga una responsabilidad social como gerente?», preguntaba el economista en el artículo. Ello implicaría que el gerente no actuará necesariamente de acuerdo con el interés de quienes le han confiado su empresa. Por ejemplo, el ejecutivo podría no subir los precios para contribuir con el objetivo social de paliar la inflación, podría realizar grandes gastos para reducir la contaminación de sus operaciones más allá de lo establecido en las normativas para contribuir al objetivo social de mejorar el medioambiente, o podría contratar a personas necesitadas en lugar de las mejor calificadas para contribuir al objetivo social de disminuir la pobreza.

En cada uno de estos casos, Friedman decía, el gerente estaría gastando el dinero de otros en nombre del interés social general. Cada vez que éste decide dedicar recursos para el «bienestar social» se hace de los recursos que pertenecen a los accionistas, reduciendo los beneficios del capital invertido en la empresa y confiado a sus administradores, faltando al mandato que le han encomendado. Este fenómeno es parte del llamado problema del agente (gerente) y el principal (dueño o accionista), en el que el principal encomienda una misión al agente en una situación en la que los intereses respectivos no están necesariamente alineados.

Por supuesto, el economista reconocía que el interés a largo plazo de la empresa incluía dedicar recursos para participar, por ejemplo, en el desarrollo de la comunidad donde opera, ya sea al contribuir para mejorar el entorno o apoyando a la educación de sus ciudadanos. En un clima adverso a la empresa y a la generación de beneficios como mandato, sostenía que resultaba tentador racionalizar tales esfuerzos como una «responsabilidad social». Sin embargo, mejorar la imagen de la compañía y su entorno no es lo mismo que validar la extracción de recursos por parte de gerentes a accionistas en nombre de un «bienestar social» decidido por los primeros.

Desde su perspectiva, validar la «responsabilidad social empresarial» era dar carta blanca a los gerentes para que extrajesen recursos de los accionistas en aras de un «bien social» definido por ellos mismos, entregándoles un rol que debe desarrollar el Estado por la vía de establecer impuestos. Tal entelequia, concluía, erosionaba las bases mismas de una sociedad libre e hipotecaba el funcionamiento de la institución responsable de gran parte del progreso social.

Tras la mirada del Nobel de Economía hay tres principios fundamentales. Primero, la clara descripción de los roles en la sociedad. Segundo, la definición de empresa como institución eficiente en un sistema competitivo. Y, finalmente, la relevancia de la búsqueda de beneficios como un fuerte incentivo a la innovación y la eficiencia, motores del progreso social.

En el primer caso, la descripción de roles en la sociedad, el Estado cumple el papel fundamental de establecer reglas claras, correctas y completas para que las empresas compitan por suplir las necesidades de las familias e individuos. La responsabilidad de asignación de recursos se deja al libre intercambio, bajo la profunda convicción de que intercambiar de forma voluntaria, sin coerción de terceros, es beneficioso para todas las partes creando resultados eficientes y justos.

En el segundo caso, se define a la empresa como una compleja y frágil organización de capital y personas cuya función es transformar insumos en bienes o servicios valorados por la sociedad. Para solventar su existencia, el producto de sus operaciones debe superar sus costes, algo que parece fácil, pero generar beneficios de forma consistente es muy difícil en una economía dinámica y competitiva. Las compañías, incluso las más grandes y poderosas, decaen e incluso desaparecen. Un estudio de la consultora McKinsey establece que la permanencia promedio de las empresas en el índice de Standard & Poor's 500 en 1958 era de sesenta y un años, mientras que hoy apenas se eleva sobre los quince años. Son los costes del progreso. La globalización abre la competencia al mundo, y, en ese proceso, son muchas las entidades que no logran sobrevivir superadas por otras más eficientes que contribuyen al avance de la sociedad.

Finalmente, en el tercer caso y bajo este esquema, la libertad de elección entre consumidores lleva a las empresas a realizar modernizaciones continuas para ofrecer más y mejores productos y servicios a los menores precios posibles. Este proceso crea fuertes incentivos para la innovación y productividad, fuentes fundamentales del progreso humano, que redunda en una mejor calidad de vida al permitir a las familias acceder cada vez a más bienes y servicios.

En este dinámico equilibrio, cambiar los roles de las instituciones, entre ellos el de la empresa, puede tener fuertes impactos sobre el funcionamiento de la sociedad, arriesgando hipotecar el motor del progreso.

### 2.1.4. La doctrina de Milton Friedman

«La experiencia nos enseña que debemos guardar más celo y cuidado en proteger la libertad cuando el gobierno justifica su forma de actuar con propósitos bienintencionados. Mujeres y hombres, nacidos para ser libres, están naturalmente alerta para repeler la invasión de su libertad por gobernantes viles. Los mayores peligros para la libertad derivan de la invasión insidiosa de hombres prestos a la acción, bienintencionados, pero faltos de entendimiento.» Estas palabras son parte del dictamen del juez, Louis Brandeis, en el juicio de Olmstead contra los Estados Unidos de América en 1928 sobre si las escuchas telefónicas privadas, obtenidas por agentes federales sin orden de allanamientos y utilizadas como prueba, constituían una violación a los derechos bajo la cuarta y quinta enmiendas.

Las ideas de Milton Friedman calaron hondo en el reordenamiento del orden político y económico de la época. El significativo progreso económico de la segunda mitad del siglo XX guarda relación con un vigoroso funcionamiento del sistema empresarial, alimentado por una fuerte competencia entre compañías y un mayor dinamismo de la creación destructiva basada en más innovación y mayor productividad. La intensa búsqueda de beneficios de las empresas fue parte integral del mecanismo para servir mejor las necesidades de la sociedad, a pesar de que sus ganancias muchas veces no resultan evidentes.

Medio siglo más tarde, el innovador empresario Elon Musk volvería a abordar la misma cuestión, señalando que los beneficios simplemente son la diferencia entre lo que se paga por un producto y lo que la empresa gasta para crearlo.

Tras la definición del sentido de la empresa también hay una convicción política, basada en proveer condiciones para que las personas puedan perseguir su felicidad en libertad, para lo cual se deben contrapesar los poderes centralizados mediante la atomización del poder en múltiples instituciones.

Las ideas fundamentales de Milton Friedman se basan tanto en los principios económicos de Adam Smith como en las tesis políticas expresadas por Thomas Jefferson en la Declaración de Independencia de Estados Unidos. Gran parte de su filosofía y doctrina se remite a ideas de pensadores de la talla de Smith, Jefferson, John Stuart Mill o John Locke, quienes sentaron las bases de la Ilustración.

Adam Smith, en *La riqueza de las naciones* (1776), explica cómo un sistema de mercado combina la libre acción de las personas persiguiendo sus propios objetivos con la amplia cooperación y colaboración necesarias para producir la comida, vestimenta y vivienda que necesitamos. La idea fundamental de Smith yace en que dos partes pueden beneficiarse en un intercambio libre. De esa manera, en una colaboración estrictamente voluntaria, ningún intercambio sucederá a no ser que ambas partes ganen con ello. Por esa razón, ninguna fuerza externa, ninguna coerción o imposición del gobierno, ninguna violación de la libertad es necesaria para producir la cooperación entre personas que reciben un beneficio.

En palabras de Adam Smith, «una persona que persigue una ganancia personal está guiada por una mano invisible que promueve un fin que no era parte de su intención. Al perseguir su propio interés, el individuo frecuentemente es más efectivo contribuyendo al bien común que cuando su intención es promoverlo. Nunca he visto mucho bien generado por aquellos motivados sólo por el bienestar común».

Thomas Jefferson, en la Declaración de Independencia de Estados Unidos (1776), establece el principio de que cada persona puede guiarse por sus propios valores: «Sostenemos estas verdades como evidentes por sí mismas: todos los hombres han sido creados iguales, han sido dotados por su Creador con ciertos derechos inalienables; entre ellos el de la vida, la libertad y la búsqueda de la felicidad».

Los derechos inalienables del hombre a la vida, libertad y búsqueda de felicidad de Jefferson guardan relación con el *Segundo tratado sobre el gobierno civil*, de John Locke, quien propone que el hombre tiene por naturaleza el poder de preservar su vida, su libertad y su propiedad contra las injusticias e intentos de otros hombres. Así, la Constitución estadounidense otorga la protección de la propiedad incluso ante poderes dictatoriales.

Casi un siglo después de Jefferson, John Stuart Mill reforzó más aún el principio de libertad estableciendo que «el único propósito con que el poder se puede ejercer debidamente sobre un miembro de una comunidad civilizada, contra su voluntad, es prevenir que les haga daño a otros. Su propio bien, tanto físico como moral, no es justificación suficiente. [...] La única acción de la conducta de una persona, sobre la que debe responder a la sociedad, es la que concierne a los demás. En todo aquello que le concierne a sí mismo, su independencia es, por derecho, absoluta. Sobre sí mismo, sobre su cuerpo y su mente, el individuo es soberano».

Smith y Jefferson coincidieron en ver en la concentración del poder en el gobierno el mayor peligro para los hombres y mujeres. Ellos concibieron la protección del ciudadano contra la tiranía del Estado como una necesidad permanente. Por ello, la libertad económica es un requisito esencial para la libertad política. Pues, al dispersar el poder, el libre mercado contrarresta la concentración de poder político.

Friedman se aventura a explicar que «fue la combinación de libertad económica y política lo que produjo el período de oro en el Reino Unido y Estados Unidos durante el siglo XIX». Pero explica que, «irónicamente, el mismo éxito de las libertades económicas y políticas redujo su atractivo a pensadores posteriores». Pues en nuestro mundo imperfecto siempre prevalecen los problemas. De este modo, el progreso de la sociedad habría hecho que estos problemas residuales hagan cuestionable un sistema de libertad económica y política, creando un ambiente propicio para un gobierno central con más recursos para intentar remediarlos.

En su ilimitada convicción sobre la libertad como la manera de brindar las mejores vidas posibles a las personas, Milton Friedman abogó contra la discriminación de la homosexualidad, por la legalización de la marihuana, por una contribución directa en forma de dinero a aquellos más necesitados y por un impuesto a la contaminación, todos elementos que fortalecerían la libertad y el mejor funcionamiento de las interacciones entre personas libres.

Hacia el final de su vida, Milton Friedman reconoció que uno de sus mayores orgullos había sido contribuir al término del servicio militar obligatorio en Estados Unidos, un tema contencioso a causa de la guerra de Vietnam. Bajo la mirada del profesor de Chicago, el servicio militar obligatorio era una coerción brutal del Estado que impedía a los jóvenes estadounidenses la búsqueda de su propio destino.

## 2.1.5. El frágil camino hacia la libertad

La libertad económica, si bien es fundamental para que las compañías puedan desplegar su máximo potencial, no es suficiente.

Para que el sistema empresarial pueda servir de la mejor manera las necesidades de la sociedad, se debe asegurar la libertad de los distintos actores en su interacción con la empresa: clientes, empleados, inversores, proveedores e integrantes de una comunidad. De ellos depende el éxito de las compañías y la sobrevivencia de sus propuestas a la sociedad. Cuando los clientes eligen entre varios productos, los empleados deciden dónde trabajar, los proveedores seleccionan con quién hacen negocio y las comunidades se pronuncian acerca de cómo se opera en su vecindad, aseguramos la mejor manera para que las distintas versiones del rol empresarial puedan evolucionar y adaptarse correctamente a las cambiantes necesidades de la población. Estas circunstancias requieren una dinámica actividad económica, pero también una articulación y entendimiento de los ciudadanos, en particular sobre el rol de las empresas con que interactúan y cómo se asocia a la propuesta que hacen para servir a la sociedad.

Al fin y al cabo, cada uno de nosotros somos consumidores, empleados, inversores, vecinos y ciudadanos. Compramos productos, ofrecemos nuestro trabajo, invertimos nuestros ahorros y formamos parte de una comunidad y de una nación. Y esos roles no debiesen estar disociados entre ellos.

Muchos intelectuales han seguido la senda de Milton Friedman haciendo hincapié en la importancia de la sociedad civil como una de las aristas relevantes para el buen funcionamiento social y un sano entendimiento entre el sector privado y el Estado.

En *El pasillo estrecho: Estados, sociedades y cómo alcanzar la libertad* (2019), Daron Acemoglu y James Robinson escriben sobre cómo y por qué las sociedades humanas han alcanzado la libertad o fallado en su intento. Los autores nos recuerdan que vivir libremente ha sido más bien una rareza, tanto en la historia de la humanidad como en el mundo de hoy. Cada año, indican los autores, millones de personas dejan sus casas arriesgando sus vidas, no necesariamente buscando mejores ingresos, sino huyendo de la violencia y el temor. La libertad comienza cuando estamos libres de agresión e intimidación. Cuando las personas son capaces de elegir por sí mismas sobre sus vidas y tienen los medios para hacerlo, sin la amenaza de una purga o sanciones sociales draconianas, es cuando surge el progreso que genera medios para otorgar aún más libertad.

El fenómeno de la libertad ocurriría en un estrecho corredor, como se titula el libro, entre la opresión estatal y la anarquía. John Locke prescribió que sin ley no hay libertad. Ésta requiere que el Estado cumpla con imponer el imperio de la ley. Pero eso no es equivalente a pensar que la libertad es otorgada por el Estado, sino que pertenece a las personas y son ellas quienes deben ejercerla. Esto implica la necesidad de una sociedad movilizada, articulada, capaz de participar en el debate público, en política, en protestas de ser necesario y, sin duda, en el proceso democrático formal con sus votos y candidaturas de representación democrática. Y, agregó, también en su interacción con el sistema empresarial, tomando decisiones conscientes y holísticas cuando eligen entre las alternativas que les ofrecen como consumidores, empleados, inversores y vecinos.

Consecuente con esta mirada es la relevancia de estructurar constituciones que «usen la ambición como contrapeso a la ambición», un precepto fundamental de la Constitución estadounidense diseñada por James Madison, cuya convicción de crear pesos y contrapesos ha podido evitar la tiranía de las mayorías en Estados Unidos. Es decir, que la ambición de algunos actores se use para controlar y limitar la ambición de otros; por ejemplo, que en Estados Unidos los congresistas supervisen a los miembros de la Corte Suprema (y viceversa), evitando así que una fuerza política quede desenfrenada.

La cuestión principal de Acemoglu y Robinson es que tanto el Estado como la sociedad civil deben ser sólidos para preservar la libertad de las personas. Un Estado robusto, capaz de controlar la violencia, imponer la ley y proveer servicios básicos es crítico para empoderar a las personas para que decidan y vivan sus vidas como elijan, vigilando mediante las reglas básicas de la sociedad cualquier avance del poder central que atente contra las libertades individuales.

Un discurso similar es el de Raghuram Rajan, expresidente del Banco Central de la India y economista de Chicago, quien en su libro *The Third Pillar: How Markets and the State Leave the*

*Community Behind* (2019) afirma que una sociedad funcional se sostiene en un equilibrio entre el Estado, el mercado y la comunidad. Estos tres pilares serían los que traen prosperidad.

Sin embargo, Rajan advierte que cuando alguno de los pilares se fortalece en exceso, los demás sufren y la sociedad debe buscar un nuevo equilibrio, pasando por períodos de transición que pueden ser difíciles y dolorosos. Desde el siglo XIX, tanto el Estado como el mercado han expandido su poder y extensión, debilitando a la comunidad, lo que ha quedado al descubierto en el desencanto observado en las personas, el cual guarda relación con la extendida pérdida de sentido que revisamos en el apartado anterior.

El vínculo entre la libertad política, la libertad económica y la necesidad de una vibrante sociedad civil también es reconocido por Milton Friedman en el prefacio de su última edición de *Capitalismo y libertad* (Ediciones Deusto, 2022). Con 80 años de edad, y habiendo visto al mundo adoptar gran parte de sus ideas, el Nobel de Economía reconoce que la dicotomía entre Estado y mercado debiese ser reemplazada por una tricotomía entre libertad económica, libertad civil y libertad política.

El tercer pilar —la fortaleza de la sociedad civil— es un aspecto particularmente importante en la reflexión, pues cuando pensamos en el rol y sentido empresarial debemos considerar sus múltiples relaciones con las personas como participantes del mercado, ciudadanos de un país, pero también como miembros de la sociedad civil. La adaptación del rol empresarial a las necesidades de la sociedad será regulada por la fortaleza de estos tres pilares. Primero, por las reglas impuestas por el Estado, notablemente, la ley. Segundo, por el mercado, mediante las fuerzas relativas frente a competidores, clientes, empleados, proveedores y sustitutos. Y finalmente también por la sociedad civil, que debe estar articulada para levantar su voz y decidir cómo vincularse con las empresas y sus diferentes propuestas.

En las personas reside el poder de definir el rol empresarial, el cual evolucionará según las preferencias que muestren en sus múltiples dimensiones, pues sin clientes, sin empleados, sin vecinos, sin inversores no hay empresa. Es nuestra libertad, en su concepción más amplia y elección consciente, la que asegurará que el rol y sentido de las empresas se adapte a las necesidades de nuestra sociedad.

Cuando alguno de estos pilares se resiente, suele suceder que otro intenta suplirlo. He ahí cómo el Estado trata de reemplazar la competencia cuando ésta no es suficientemente intensa. Cuando la sociedad civil y la comunidad no logran articular su voz, muchas veces se acumulan presiones, que pueden terminar hipotecando la legitimidad del sistema. Para algunos, puede ser tentador atribuir al Estado los intereses y objetivos de la sociedad civil o de una comunidad en particular, sin embargo, rara vez las burocracias gubernamentales pueden representarlas correctamente.

Una sana y clara articulación de la sociedad civil, y a escala local de la comunidad, es del interés de la empresa. Evidencia de esto se aprecia en casos de desarrollos mineros, energéticos o de nuevas plantas productivas, donde acuerdos explícitos reducen las incertidumbres para las empresas y alinean a las comunidades para solucionar conjuntamente potenciales problemas. De la misma manera, hay incontables proyectos que, a pesar de cumplir con requerimientos estatales, terminan dilapidados por una carente articulación e interacción con la comunidad.

La libertad de las personas en sus múltiples roles, como ciudadanos, vecinos, empleados, inversores y consumidores, es la condición que impulsará a las empresas a ofrecer de mejor manera las virtudes de su organización y capitales por medio de una sana adaptación de su rol y sentido enmarcado en las señales que les da una activa sociedad.

## 2.2. Cambio de vientos y de consensos

El mundo cambió durante el siglo xx y, en consecuencia, las empresas se fueron adaptando a un nuevo rol en la sociedad. En ese proceso, algunas compañías salieron victoriosas y otras fueron desplazadas al no adaptar su funcionamiento a la cambiante realidad.

En las primeras décadas de la segunda mitad del siglo xx, la intensidad de la competencia que enfrentaban las grandes empresas en sus mercados domésticos era relativamente baja. El coste del transporte internacional creaba fuertes barreras a la competencia global. Algunos han estimado que el coste logístico a comienzos de los setenta representaba aproximadamente un 15 por ciento del valor de los productos que se comercializaban, sin embargo, la mayoría de los otros productos simplemente no se exportaban, pues la logística de enviarlos a otras partes de la geografía era prohibitiva.

De esta manera, gran parte de la producción quedaba confinada cerca de los centros de consumo. Estados Unidos era el principal mercado del mundo. Su economía representaba casi la mitad de la economía global, mientras que su población era de apenas un 5 por ciento del total. Las compañías norteamericanas gozaban de una posición privilegiada dado su gigantesco mercado, que sus competidores internacionales difícilmente podían conquistar debido al coste del transporte y las tarifas aduaneras, que en aquella época promediaban el 7 por ciento. Sin embargo, una simple invención generó una disrupción que cambió profundamente el mundo, redefiniendo la estructura de la economía global. En el libro *The Box* (2006), Marc Levinson relata el desenlace que tuvo la porfía de Malcolm McLean, quien en abril de 1956 cargó 58 contenedores de metal en un viejo barco petrolero desde Newark hacia Houston, donde lo esperaban camiones listos para coger la carga.

En su momento, los esfuerzos de McLean fueron desdeñados como una mejora marginal y compleja de implementar. Sin embargo, la gran innovación no fue el cajón de metal de poco más de doce metros, sino el excepcional sistema logístico basado en el contenedor que transporta bienes entre todos los rincones del planeta a bajos costes y con complicaciones mínimas.

Resulta inverosímil la capacidad disruptiva de un invento tan sencillo. He ahí justamente la elegancia de la solución del contenedor. Su simplicidad redujo radicalmente los costes del transporte internacional, pues se hacía cargo de la principal fuente de ineficiencias, riesgos y demoras: el paso intermodal. Cruzar un océano con un barco atiborrado no era un gran problema. El gran inconveniente era la carga y descarga. Cargar un camión o un tren, levantar el bulto en el puerto para disponerlo de nuevo en un barco, asegurando que los bienes no se dañasen ni se perdiesen, para bajarlo nuevamente y cargarlo una vez más, era muy costoso.

El contenedor resuelve magistralmente estos entuertos; basta ordenar los bienes una vez en origen y luego simplemente izar y depositar esa gran caja de acero, las veces que sea necesario, lo que asegura tanto la integridad como la propiedad de los bienes transportados. En lugar de expertos gestionando la disposición y seguridad de bultos con cabos y amarras, los ordenadores planifican la carga de decenas de miles de contenedores en un barco, contrarrestando su peso y optimizando el trabajo de descarga en el puerto de destino.

No podría ser de otra manera, pues los nuevos barcos de contenedores son colosales estructuras con esloras superiores a la altura del edificio del Empire State en Nueva York. Sus sistemas computarizados mandatan grandes grúas especializadas controladas por apenas un manojo de operarios en los puertos más modernos. En el destino, cada bloque está identificado y su descarga se planifica y traza eficientemente hasta los respectivos camiones o trenes que llevarán los bienes hasta su propietario, agilizando los trámites de agencia y aduana en el trayecto.

Por supuesto, construir tan magnífico sistema tomó tiempo. Implicó acordar estándares, invertir en barcos especializados, adaptar y construir puertos para optimizar la carga, descarga y almacenamiento de contenedores, etcétera. A medida que los nuevos métodos irrumpían, se desató una acelerada carrera por el tamaño, pues la simplicidad hizo de la escala la clave del éxito.

Rápidamente quedó claro que los ganadores de la industria naviera, que crecía a tasas aceleradas, serían aquellos que redujesen sus costes por medio de economías de escala. Cada año se anunciaron barcos más grandes, capaces de acarrear más contenedores reduciendo el coste medio de transportar cada uno. Y los menores costes permitían capturar una porción más grande del mercado, lo que a su vez permitía invertir en más y mayores embarcaciones. Aquellos que no apostaron fuertemente por el cambio de paradigma fueron desplazados rápidamente. La presión en los precios fue inmensa, ya que el coste marginal de llevar un contenedor adicional en un navío que cruza el océano resulta irrelevante, desplazando a aquellos menos eficientes. Con ello, se dieron una serie de consolidaciones en la industria, lo que se tradujo en que las cinco principales compañías ganadoras en esta competencia controlen dos tercios de la capacidad global de transporte de contenedores.

Entre las primeras, destaca la danesa Maersk, cuyo pequeño país de origen no le impidió alcanzar un liderazgo global. Junto con Hapag-Lloyd, radicada en Hamburgo, Alemania, comparte el legado de la Liga Hanseática, una asociación de ciudades costeras que dominó gran parte del comercio marítimo entre los siglos XIII y XV. Las otras dos gigantes de Occidente son MSC y CMA-CGM, controladas por una familia italiana y por una francolibanesa, respectivamente, rindiendo honor a la tradición de sus naciones como grandes comerciantes marítimas en la segunda mitad del milenio anterior. Finalmente está Cosco, la gran naviera estatal china, una fusión de varias empresas para crear un campeón de estatura global, una estrategia que la jerarquía del politburó del Comité Central del Partido Comunista ha replicado en múltiples sectores industriales.

La consultora McKinsey calcula que la industria naviera seguirá la misma tendencia en los próximos cincuenta años.[14] Argumentan que el punto álgido del flujo de contenedores no se avista y que la escala continuará siendo la receta ganadora, planeando embarcaciones capaces de transportar cincuenta mil contenedores, el doble que en la actualidad. Prevén más consolidaciones, reduciendo a cuatro las grandes compañías globales, en donde, además de la escala, la digitalización y automatización serán la receta ganadora.

Curiosamente ninguno de los líderes de esta industria es estadounidense, a pesar del origen del contenedor en esta costa.

14. Saxon, Steve; y Stone, Matt, «Container Shipping: The Next 50 Years», McKinsey, octubre de 2017.

La pesada regulación impuesta en Estados Unidos a este sector ha sido responsable de su menor progreso, culpable de afectar a su desarrollo, sumada a una escasa tradición naviera y a duras controversias con los sindicatos portuarios que hasta hoy se mantienen.

Una interesante característica de esta industria es que el principal activo físico, los barcos, es capital que flota, en lugar de plantas o edificios erguidos sobre tierra firme y circunscritos dentro de las fronteras de un país. Los barcos pueden navegar hacia otra jurisdicción cuando se les imponen pesadas regulaciones o altos impuestos. Los países que han comprendido esta dinámica han creado regímenes tributarios especiales —impuesto al tonelaje— para retener al esquivo capital naviero. Una lección importante para el siglo XXI, ya que gran parte de los activos de la nueva economía digital son intangibles y también pueden moverse como una embarcación cuando un país los limita demasiado.

Todos estos esfuerzos de la industria logística facilitaron la aceleración del comercio internacional, que creció a tasas dos veces y media por encima del aumento del producto global. En otras palabras, mientras el comercio internacional avanzaba a 125 km/h, la economía lo hacía a 50 km/h. En 1950, el comercio internacional representaba apenas un 10 por ciento de la economía global y gran parte de lo que se transportaba eran materias primas a granel. Durante los años sesenta, alcanzó un 20 por ciento. Desde entonces, la velocidad ha aumentado vertiginosamente, acercándose a dos tercios del producto mundial. Casi el 70 por ciento del comercio internacional corresponde a productos transportados en contenedores como electrodomésticos, aparatos electrónicos, vestuario, equipamiento o bicicletas. En términos prácticos, antes del contenedor no era normal encontrar en un mismo lugar zapatos brasileños, lavadoras mexicanas, carnes argentinas y ropa confeccionada en Turquía o Vietnam, ni tampoco el prevalente *Made in China* de nuestros días.

En paralelo al desarrollo del contenedor, otras áreas logísticas siguieron trayectorias similares. Antes, los barcos petroleros cargaban apenas dieciséis mil toneladas de peso muerto, actualmente los impactantes ULCC (*ultra large crude carriers*) transportan más de quinientas mil toneladas, cruzando los mares entre Arabia Saudita y Japón o de Estados Unidos a Europa. Lo mismo sucedió con los barcos graneleros, enormes estructuras que desplazan miles de toneladas de hierro, grano, cemento o madera abarcando los mares entre Brasil y China. Además se crearon embarcaciones especializadas para llevar gas natural licuado, preservado a –162 °C, yendo y viniendo de Argelia a Inglaterra o de Alaska a Japón.

El movimiento rápido y seguro de personas dio más confianza al comercio internacional. Con el desarrollo del avión, quienes vivían en distintos rincones del planeta podían mirarse a los ojos y estrechar sus manos al cerrar sus negocios. Después del fracaso de la primera aeronave comercial, el Comet, en 1949, fue Boeing y su 707 el que abrió los cielos a miles de millones de personas, desarrollando eficiencias con cada nuevo modelo. Revolucionaria fue la creación del 747, inicialmente pensado como un carguero, pero cuyo mayor tamaño y tonelaje generó grandes eficiencias que redujeron los costes de los viajes intercontinentales.

A su vez, el desarrollo del microchip y los ordenadores permitió mayor procesamiento y movimiento de información, lo que extendió la cobertura y conexión entre distintos rincones del mundo.

Así, los diseños superiores de transporte marino, la adopción rápida de poderosos y eficientes motores diésel para propulsar los grandes navíos, la adopción de turbinas de gas en modernos aviones y los saltos cuánticos en informática y procesamiento de información sentaron las bases para un mayor movimiento de capitales, permitiendo que se extendieran las operaciones de las grandes empresas en todo el planeta.

Con ello se creó una creciente interdependencia de las economías del mundo, de sus culturas y población; por medio del comercio internacional de bienes y servicios, de tecnologías, inversiones, gente y dinero se impuso un período de una profunda globalización.

David Ricardo, el intelectual inglés de comienzos del siglo xix, planteó en su teoría las ventajas competitivas: a saber, que los países logran importantes beneficios al comercializar sus productos especializándose en aquellos bienes en los cuales detectan menores costes relativos. Sin embargo, cuando los costes de transporte son significativos, tal quimera es menos relevante, pues la especialización y posterior intercambio entre las economías se dará cuando las ventajas para ambas economías superen el coste del intercambio. Así, al disminuir el coste de intercambio por medio de eficientes cadenas logísticas, mayores flujos de información, de movimientos de personas y capitales, se desata el potencial para crear valor mediante el intercambio entre países con ventajas comparativas. Comenzó una época en que el esquema productivo se reestructuró, cambiando las bases fundamentales sobre dónde, qué y quién producirá los bienes que se consumen en el mundo. Fue justamente una crisis la que generó la competencia entre las empresas por capturar esas ventajas y salir victoriosas en la acelerada globalización.

## 2.2.1. Crisis y competencia

En la década de 1970, mientras Friedman postulaba sus ideas revolucionarias, el entorno de las grandes empresas cambió radicalmente. El embargo de la Organización de Países Exportadores de Petróleo, liderada por Arabia Saudita, contra Estados Unidos, Inglaterra y otros países que apoyaron a Israel en la guerra de Yom Kipur, quintuplicó el precio del petróleo. Con ello terminó la bonanza de la posguerra y se generaron presiones inflacionarias que se tradujeron en quince años de bajas tasas de crecimiento y un fuerte aumento de los precios.

Esta profunda crisis económica deprimió la demanda de productos y generó alzas en los costes de producción, erosionando fuertemente la rentabilidad empresarial y dañando la posición competitiva de múltiples compañías. La crisis del petróleo afectó las dinámicas competitivas, pues ante este nuevo escenario las empresas recurrieron, por un lado, a la búsqueda de nuevos mercados para crecer y, por otro, a nuevas eficiencias para aliviar las presiones de los costes. Esta renovada competencia tocó prácticamente a todas las industrias y con ello se comenzó a redefinir la lista de ganadores y perdedores.

La diplomacia económica de Washington no ayudó a los gigantes empresariales estadounidenses, pues la preponderancia del objetivo geopolítico de mantener a raya la influencia soviética sobre los países aliados relegó el interés doméstico de las grandes empresas. Así, Estados Unidos facilitó un acceso privilegiado, y muchas veces asimétrico, a empresas europeas, japonesas y coreanas a su mercado.

Las grandes compañías estadounidenses comenzaron a recibir serios golpes de sus competidores extranjeros. El inmenso mercado de Estados Unidos era un gran premio para las empresas extranjeras que crecían a grandes pasos, generaban empleo y llevaban progreso a sus países.

En 1964, prácticamente todos los televisores en color vendidos en Estados Unidos estaban producidos localmente, siendo RCA líder indiscutible del mercado. Sin embargo, diez años después, tal proporción había caído a dos tercios, para desplomarse a menos de un quinto en 1987, año en que RCA ya había desaparecido. Las empresas norteamericanas fueron desplazadas por sus competidores japoneses y coreanos, cuyas compañías —Samsung, LG, Sony, Toshiba— aún dominan este mercado.

Se puso un punto final de esta larga historia de erosión industrial frente a sus competidores asiáticos cuando General Electric, tras décadas perdiendo terreno, se deshizo en 2016 de su centenaria operación de refrigeradores, cocinas y lavadoras a manos de la china Haier, que pagó apenas 5.600 millones de dólares por el gigante que había sido el símbolo de calidad mundial en electrodomésticos.

La industria automovilística tampoco se salvó de estos embates. En 1960, los tres gigantes de Detroit dominaban casi todo el mercado estadounidense. Uno de cada dos coches vendidos era de General Motors. Sin embargo, treinta años después, tal cifra cayó a uno de cada tres, perdiendo terreno frente a Toyota, Honda y Nissan. Si bien GM mantuvo el liderazgo, su cómoda posición se fue erosionando frente a las mejoras de sus competidores. En esta batalla, el año 2021 marcó un hito, pues Toyota, hoy la mayor empresa automovilística global, superó por primera vez a GM como líder del mercado estadounidense, vendiendo casi uno de cada cinco vehículos.

La crisis del petróleo generó desequilibrios macroeconómicos de tal magnitud que el presidente de Estados Unidos, Richard Nixon, debió terminar con el régimen de Bretton Woods acordado por cuarenta y cuatro países en 1944 para estabilizar las divisas internacionales mediante una paridad cambiaria basada en el patrón oro. En 1973, suspendió la convertibilidad del dólar en oro y dio paso a la flotabilidad cambiaria en una decisión que modificaba las bases del sistema financiero internacional. Tras el anuncio de Nixon, el Dow Jones rompió el récord de alza diaria e incluso el editorial de *The New York Times* elogió el valor del presidente.

Esta libertad monetaria, que se extendió con rapidez por el mundo desarrollado, fue una notable victoria de la doctrina propuesta por Milton Friedman. En lugar de imponer un tipo de cambio fijo entre las monedas del mundo, argumentaba Friedman, era mejor abrir el camino al intercambio voluntario entre los tipos de cambio, dando espacio para que el mercado equilibrase los precios relativos entre los países, regulando los equilibrios macroeconómicos del comercio internacional.

Nuevamente, los tiempos de crisis provocaron la adopción de nuevas ideas. Esta vez, las disponibles eran las propuestas por Milton Friedman y sus colegas.

### 2.2.2. Cambio de consensos

Mientras se producían los cambios de consensos en el ordenamiento político y económico del mundo, las empresas veían sus circunstancias transformarse rápidamente. El rol de las compañías se había definido en el contexto de un mundo menos globalizado. Asimismo, el peso de la empresa como un actor nacional comenzó a erosionarse y las bases para la creación destructiva, con su respectiva búsqueda de innovaciones y eficiencias a escala global, empezaron a sentirse.

Las grandes compañías ahora veían migrar su rol confinado en economías nacionales hacia una economía cada vez más global, donde la sociedad encontraba más y mejores productos, ofrecidos a un precio menor, lo que resultaba particularmente importante durante un período de fuerte inflación que carcomía los presupuestos de las familias.

A su vez, los distintos actores involucrados comenzaban a distanciarse. Antes empleados, proveedores, consumidores, comunidades y accionistas compartían una geografía común. En ese tiempo, Henry Ford justificó el alza de los salarios de sus empleados, pues de otro modo no podrían pagarse su Ford T. Pero la globalización borró de un plumazo esa aritmética. Actualmente, en este mundo sin fronteras, es cada vez más natural que empleados, proveedores, consumidores, comunidades y accionistas se ubiquen en distintos lugares del planeta.

Mientras las ideas de Friedman comenzaban a caer en tierra fértil en el mundo, en paralelo a la crisis del petróleo se producían otras transformaciones. La primera generación que no había vivido la Segunda Guerra Mundial llegaba a la adultez y levantaba banderas revolucionarias. Justo antes del cambio de década, en mayo de 1968 se produjeron fuertes manifestaciones en países como Francia, Alemania y Estados Unidos. Estos jóvenes querían dar un corte a la pesada carga que llevaron sus padres reconstruyendo un mundo destruido durante la primera mitad del siglo xx. La píldora anticonceptiva, los Beatles y la televisión habían creado las bases para fuertes transformaciones sociales. Es justamente esta generación, ávida de cambios, la que pasaba a la adultez en las décadas de 1970 y 1980.

La Guerra Fría continuaba; sin embargo, tras estar a las puertas del desastre nuclear en la crisis de los misiles en 1962, se inició un período de *détente* entre Estados Unidos y la Unión Soviética. Bajaron las tensiones y aumentó la cooperación entre las dos potencias mundiales. Con el ascenso de Leonid Brézhnev a secretario general del politburó, la Unión Soviética ganó en estabilidad, aunque su economía dejaba entrever las crecientes diferencias tecnológicas con su rival occidental. Un golpe significativo para la URSS fue el triunfo de Estados Unidos en la carrera espacial, cuando Neil Armstrong fue el primer hombre en pisar la Luna, un símbolo de la primacía económica y militar estadounidense que cada vez se notaba más y más, a la que se sumaba el auge de sus aliados en Europa.

En 1972, el presidente Nixon sorprendió al mundo cuando visitó a Mao Zedong en China. Un éxito diplomático gestado por su secretario de Estado, Henry Kissinger, aprovechando las diferencias entre el gigante asiático y su par comunista soviético. Este acercamiento crearía las bases para la apertura comercial china impulsada por Deng Xiaoping en 1978. El pragmatismo del «gran arquitecto» Xiaoping se plasmó en su famosa frase: «No importa de qué color sea el gato, sólo importa que cace ratones», bajo la cual se privatizó —en términos efectivos pero no formales— la agricultura, y además se permitió la empresa privada y la inversión extranjera. Este «socialismo con características chinas» desencadenó el impresionante crecimiento que conquistó a las grandes empresas occidentales, que comenzaron a llevar sus inversiones a estas tierras lejanas, ansiosas de conseguir las eficiencias ofrecidas por la globalización.

En 1978, el presidente Jimmy Carter, del mismo partido demócrata que Franklin D. Roosevelt, declara en su discurso sobre el estado de la nación el quiebre de los consensos del New Deal y que «existe un límite al rol y función del gobierno», agregando que el gobierno «no puede solucionar nuestros problemas, no puede definir nuestros objetivos, no puede definir nuestra visión». Tampoco «puede eliminar la pobreza, ni proveer una armoniosa economía, ni reducir la inflación, ni salvar nuestras ciudades, ni curar el analfabetismo, ni proveer energía. El gobierno no puede decretar hacer el bien».

La política de gobierno más exitosa del presidente Carter fue la desregulación de los sectores industriales. En su convicción de que el gobierno federal se había vuelto demasiado grande, opaco e indiferente a las necesidades de la gente, Carter se comprometió a reducir de mil novecientas a trescientas las agencias federales. Su efecto en el sector aeronáutico fue particularmente visible. Tras sus reformas se elevaron más aviones, que ofrecían sus asientos a un precio menor, aprovechando las eficiencias posibles por la desregulación. Aparecieron aerolíneas de bajo coste como Southwest. Efectos similares se vieron en la industria logística de los camiones. Notable fue la separación en partes del gigante AT&T por considerar que su poder como monopolio afectaba a los consumidores.

En ese mismo período, a más de ocho mil kilómetros de distancia, un pequeño país de apenas diez millones de habitantes aplicaba las teorías de Friedman al pie de la letra. Chile se convirtió en un ejemplo de una economía que transitaba del socialismo al libre mercado rompiendo todas las tendencias estatistas de la región. Un grupo de profesionales chilenos que habían estudiado en la Universidad de Chicago, al alero de Milton Friedman y otros profesores, impulsaron fuertes cambios en la economía. Tras una profunda crisis político-económica, la cual terminó con el golpe de Estado de las Fuerzas Armadas que truncó el gobierno socialista de Salvador Allende, la Junta Militar, encabezada por el general Augusto Pinochet, tomó el mando y apostó por las nuevas ideas que traían estos jóvenes profesionales para levantar una economía devastada. Nuevamente, en una crisis, las ideas disponibles encontraron su camino. En los siguientes diecisiete años que Pinochet estuvo en el poder, las reformas de los profesionales chilenos, llamados Chicago Boys, comenzaron a abrir al mercado múltiples áreas de la economía. El libro *Los economistas y el presidente Pinochet* (1988), de Arturo Fontaine Aldunate, es una notable crónica de la articulación e influencia de estas ideas dentro del gobierno militar. De ese período hay anécdotas que revelan el cambio de paradigma, como la que contaba Pablo Baraona, uno de los llamados Chicago Boys, al relatar una reunión con los dueños de empresas cuyos precios dejarían de ser definidos por el Estado. Los empresarios, desconcertados, quizá desamparados, preguntaban: «¿Y ahora qué hacemos?». «Vayan y compitan por vender sus productos», les respondía Baraona.

El acelerado crecimiento y recuperación de la pequeña economía chilena la transformó en un caso de estudio y un modelo que evidenció los beneficios de la libertad económica. Para algunos, estas políticas también sentaron las bases para el crecimiento y la pacífica transición política chilena que restableció la democracia en 1990.

En los ochenta, los cambios de consenso en el mundo se profundizaron y consolidaron aún más. La saga cinematográfica de *Superman* llenaba la taquilla simbolizando el idealismo de los valores occidentales contra el «imperio del mal», como Ronald Reagan llamaría a la Unión Soviética en 1987. La victoria de Ronald Reagan en 1981 y su reelección en 1986 mostraba el éxito de las ideas por la libertad, la eliminación de regulaciones y la reducción del tamaño del Estado.

Inglaterra, mientras tanto, eligió a Margaret Thatcher como primera ministra del Partido Conservador. En Alemania, Helmut Kohl gobernó durante dieciséis años junto con la CDU (Unión Demócrata Cristiana) a partir de 1982. Incluso en Francia, si bien el presidente socialista François Mitterrand marcó el período, se terminaron implementando muchas políticas liberales, además de sufrir la primera «cohabitación» de la Quinta República con Jacques Chirac de primer ministro en 1986.

Este cambio de consenso se extendió hasta la Unión Soviética. El ascenso de Mijaíl Gorbachov en 1985 y su agenda reformista reflejaron justamente cómo la adopción de estas ideas comenzó a calar en la alicaída y disfuncional economía soviética. Sus icónicas reformas, la perestroika y la glásnost, consistían en dar más libertad a los centralizados y rígidos sistemas económico y político soviéticos. La perestroika o «reestructuración» anhelaba disminuir la brecha tecnológica con Estados Unidos, para lo cual impulsó reformas que avanzaban hacia un sistema con mayor libertad económica, pero manteniendo parte de la planificación centralizada soviética. La glásnost o «apertura» buscaba abrir y democratizar el sistema político como la única manera de romper con la inercia del gigantesco aparato burocrático soviético.

Las políticas de Gorbachov, implementadas parcialmente, resultaron caóticas. Cuando a la prensa se le otorgó mayor libertad de expresión cundieron las críticas. La transición a un sistema económico mixto y la pesada carga del gasto en defensa —estimada por algunos en un cuarto del PIB— siguieron devorando la decreciente economía soviética. En 1986, el desastre nuclear de

Chernóbil hizo al mundo testigo de los problemas que aquejaban a la Administración que dirigía la segunda potencia mundial.

Los movimientos por la libertad también llegaron a la China de Xiaoping, llevando a miles de estudiantes y líderes sociales a ocupar la plaza de Tiananmén en Pekín en 1986 para exigir mayores libertades políticas. Frente a los desórdenes, el puño de hierro del Partido Comunista chino aplastó sin escrúpulos las manifestaciones dejando miles de muertos y presos a su paso. La imagen de un estudiante enfrentando una hilera de tanques se transformó en el símbolo de la opresión.

Las reformas llevadas a cabo en la URSS también impactaron en los países que integraban el Pacto de Varsovia. En Alemania Oriental, el presidente Erich Honecker tuvo que enfrentarse a las manifestaciones que terminaron por derribar el Muro de Berlín en 1989. Honecker, sin el apoyo de Gorbachov, se vio obligado a abandonar el poder que ejerció con mano férrea durante casi veinte años. Tras una caótica reunión del politburó alemán, las palabras de uno de sus representantes en una errática conferencia de prensa dieron espacio para interpretar que la frontera entre el este y el oeste estaba abierta. Ante la confusión, miles de alemanes quisieron creerlo y comenzaron a cruzar en hordas el Muro de Berlín. Los soldados del ejército alemán oriental, sin órdenes claras, simplemente no reaccionaron. Con la caída de esas murallas, caía el orden global que dominó al mundo durante gran parte del siglo xx.

La euforia occidental se plasmó en el famoso ensayo del politólogo Francis Fukuyama, sobre *El fin de la historia*, en el que sostenía que la victoria de la democracia liberal occidental terminaba el conflicto entre ideologías y proclamaba un ganador indiscutido.

El mismo año de la caída del Muro de Berlín surgía un nuevo superhéroe. En 1989, *Batman* batió el récord de recaudación de *Superman* (411 millones de dólares versus 300 millones de dólares de taquilla) e inauguró una nueva saga. La generación X inmortalizó a un personaje radicalmente distinto: un ser humano convertido en superhéroe que, utilizando su capital, tecnología e incorruptible voluntad, limpiaba las calles de Gotham, un lugar donde se necesitaba de Batman, pues la ineptitud de un gobierno corrupto estaba haciendo insoportable la vida de los ciudadanos. Era la versión popular del fin de la historia de Fukuyama, con todas las contradicciones de la victoria del capitalismo, que encanta y atemoriza.

### 2.2.3. La nueva competencia global

Los noventa fueron un momento inédito en la historia. Prácticamente todo el planeta estaba abierto al comercio. El terreno de acción para las grandes empresas no tenía fronteras y sus posibilidades para conquistar nuevos mercados y desarrollar más eficiencias parecían ilimitadas. La definición de su rol se enmarcaba en esta nueva realidad, y todo las empujaba a acelerar la creación destructiva a escala global para servir mejor a las personas en este mundo plano, como lo definía Thomas Friedman en su libro *La Tierra es plana*.

Rusia y los satélites soviéticos intentaban establecer democracias liberales de mercado, China profundizaba su compenetración con la economía global, coronada con su ingreso en la Organización Mundial del Comercio en 2001. El entusiasmo de empujar al mundo hacia el exitoso modelo estadounidense se justificaba en la teoría de la modernización, que indicaba que las libertades económicas indefectiblemente crearían las bases para que los pueblos exigieran sus libertades políticas. Sería sólo cuestión de años que en China también se cristalizase una democracia liberal, pensaban los intelectuales y políticos occidentales. Cuanto más rápido creciese su economía, y más se enriqueciese el pueblo chino, antes aparecerían presiones ineludibles para que se estableciesen libertades políticas que consolidarían el fin de la historia.

Además de la apertura comercial, la descentralización de cadenas de producción fue una de las claves en las nuevas eficiencias que dictaban la competencia global. Más aún, el diseño fundamental de los principales productos ya había llegado a niveles relativamente maduros. Por ejemplo, los automóviles y electrodomésticos no habían cambiado en décadas. La teoría de la disrupción de Clayton Christensen, reputado profesor de innovación de la Escuela de Negocios de Harvard, planteaba que, una vez resuelto un producto —es decir, cuando ya no se dan innovaciones disruptivas—, las operaciones se desintegran en la carrera por desarrollar eficiencias y competencia en cada uno de los pasos de la cadena productiva. Esta madurez sentó las bases para que se desatara una carrera por eficiencias en la desintegración geográfica de la producción.

Las empresas automovilísticas pasaron a dedicarse exclusivamente a diseñar y ensamblar sus vehículos, contratando la producción de sus partes a otras compañías. Lo mismo sucedió con el vestuario y los productos electrónicos. En los iPhones destaca el «*Designed by Apple in California*», pero su producción la realiza principalmente la empresa taiwanesa Foxconn con su millón de empleados en China. La partición y externalización de componentes generó fuerzas adicionales, pues se desató una competencia entre proveedores domésticos con otros ubicados en países en desarrollo, creando presiones para reubicar sus plantas de producción en países con menores costes o desaparecer. «Todas las compañías fallidas son iguales, todas fracasaron en escapar de sus competidores», recuerda el exitoso emprendedor Peter Thiel.[15] Y así fue como la globalización destruyó gran parte de la economía antigua para crear una nueva.

Grandes sumas de capital cruzaron fronteras para levantar nuevas plantas de producción, creando empleos en países emergentes, aprovechando la ventaja competitiva de salarios más reducidos, especialmente en funciones de alta intensidad de mano de obra como la manufactura de vestimentas, componentes electrónicos u otros productos industriales. En el mundo, la inversión directa en el extranjero pasó de apenas 30.000 millones de dólares en 1973 a 250.000 millones de dólares en 1993. En 2007, la cifra se disparó a más de 3 billones,[16] un crecimiento que se produjo principalmente en Asia.[17]

---

15. *Zero to One*, 2014.
16. Millones de millones, *trillion* en inglés.
17. Smil, Vaclav, *op. cit.*

Estas flamantes plantas trajeron nuevas oportunidades y aprendizajes, impulsando las economías y el progreso del mundo en desarrollo. A su vez, mejoraron los ingresos fiscales y enseñaron los beneficios de la inversión extranjera a la clase política del mundo emergente, la cual comenzó a seguir la receta del éxito, descrita por el Consenso de Washington.

Los países en vías de desarrollo entendieron la necesidad de dar certezas a las multinacionales para atraer su capital, conocimiento y trabajo a sus fronteras. Entre los ministros de Hacienda y los economistas que dirigían o asesoraban a países, se prescribía la fórmula de lo que pasó a llamarse el Consenso de Washington: una fuerte disciplina fiscal basada en la redirección del gasto público, desde subsidios directos hasta la provisión de infraestructura, educación y sanidad para la población más desposeída; en reformas tributarias para ampliar la base tributaria y reducir las tasas marginales de impuesto; en la liberalización de las tasas de interés y de los tipos de cambio; en la liberalización del comercio con tratados de libre comercio internacionales, reduciendo tarifas y restricciones; en la liberalización de la inversión extranjera y la privatización de empresas estatales; en la desregulación que impide la entrada de nuevos actores o que restringe la competencia y una prudente vigilancia a las instituciones financieras; y, finalmente, en un robusto marco para garantizar la propiedad privada.

Con el contenedor, países lejanos podían aprovechar su tierra barata y bajos costes laborales para levantar plantas sin necesidad de estar cerca de puertos o de los grandes centros de consumo. A su vez, la producción de bienes complejos se desarticuló creando complejas cadenas logísticas globales. Por ejemplo, la manufactura de un avión Airbus implica más de cuatro millones de partes producidas por más de mil compañías diferentes ubicadas en más de treinta países. Resulta inverosímil cómo la mano visible de las grandes empresas comenzó a articular a personas, capitales y empresas proveedoras en tantos rincones del planeta. Luego, grandes complejos industriales se levantaron cerca de Los Ángeles, Hong Kong y Shanghái para recibir y ensamblar las partes procedentes de múltiples regiones.

Décadas de acelerado crecimiento del comercio internacional por encima de la economía global son la clara evidencia de la masiva reubicación de centros de producción alejados de los centros de consumo.

A la hora de resituar la producción, los menores costes laborales no fueron la única variable. De ser así, Nigeria, Bangladés o la India habrían sido los principales destinos. Pero China fue el gran ganador. Entre los factores del éxito están las garantías de estabilidad política y económica, condiciones aceptables de inversión, una población muy grande, homogénea y letrada, además de un gigantesco mercado local. Así se dio una cooperación entre el mayor gobierno comunista del mundo y las principales empresas capitalistas del planeta, apoyadas por los gobiernos liberales, convencidos por la teoría de la modernización, según la cual los avances del mercado y el progreso inevitablemente generarán presiones para entregar mayores libertades políticas y con el tiempo una democracia en el gigante asiático.

China fue particularmente hábil al absorber, adaptar y copiar las nuevas tecnologías para, a largo plazo, promover la creación de empresas locales que, tras algunos años de lecciones y aprovechando un acceso favorable en el gran mercado chino, comenzaron a desafiar a los competidores occidentales. Por ejemplo, CRRC es la principal empresa global de trenes, cuyos competidores occidentales —Alstom, Siemens o Bombardier— palidecen frente a su tamaño. Sany, la campeona de maquinaria pesada cuyos enormes equipos llegaron a bombear la mitad del hormigón en el mundo, ha desafiado a Caterpillar entre sus múltiples competidores occidentales. La estatal Shanghai Electric es varias veces el tamaño de General Electric. State Grid, la principal empresa de distribución y transmisión eléctrica china, es una de las compañías más grandes del mundo, y no ha disimulado su ambición internacional, con la aspiración de interconectar eléctricamente China con el resto del mundo. Ya se ha hecho con múltiples activos más allá de Asia, incluyendo Europa y Latinoamérica.

Una mirada a la evolución de los precios de bienes y servicios en las últimas dos décadas es elocuente. El desplome de los precios de electrodomésticos, juguetes, ropa y muebles es dramático, a pesar del incremento de la calidad de muchos de los productos. Por otro lado, servicios que no se pueden transportar internacionalmente, como la sanidad o la educación, han mostrado alzas relevantes.

El beneficio de los consumidores no se limitaba a los bajos precios, sino también a una gran variedad de productos. Un claro ejemplo ha sido el notable éxito empresarial de Inditex, propietario de Zara, Pull&Bear y Massimo Dutti, entre otras marcas. Su fundador, Amancio Ortega, ideó un modelo al irrumpir con el *fast fashion*, rompiendo la lógica de temporadas y acortando a unas pocas semanas el ciclo de diseño, producción y venta, incrementando la variedad de su oferta, respondiendo rápidamente a las tendencias de los consumidores, reduciendo la inversión en inventario y, fundamentalmente, el riesgo de liquidación de productos. Este nuevo modelo basado en una manufactura que sacrificaba escala por flexibilidad fue la receta de su éxito y diferenciación.

La desintegración de la cadena logística trajo consigo un menor control de la cadena productiva y sus estándares, lo que marcó particularmente a la industria del vestuario. En la medida en que las grandes empresas comenzaron a externalizar la producción a operadores en geografías lejanas, no controlaban qué ocurría en las plantas de producción de estos proveedores. En esta carrera por mayores eficiencias, los estándares laborales en el mundo en desarrollo no se equiparaban con aquellos de los centros de consumo de estos gigantes empresariales. En 1996, Nike sufrió un duro golpe en su reputación cuando la revista *Time* publicó un artículo protagonizado por un niño pakistaní de doce años zurciendo una pelota de fútbol con el logo de la compañía. La presión de los consumidores ante el escándalo llevó a que Nike comenzara a auditar las plantas de proveedores y a seleccionarlas no solamente por el menor coste, sino también por otros estándares.

Éste es uno de los ejemplos en que una robusta sociedad civil logró modificar el rol y forma de actuar empresarial. El periodismo de *Time* movilizó a millones de consumidores a dejar de comprar los productos de Nike. Creó presiones por parte de empleados que se avergonzaron de su empresa. Hizo más reticentes a las figuras deportivas a asociarse con la marca. Por su parte, el mercado financiero reflejó inmediatamente estos problemas dejando caer las acciones de la compañía de vestimenta de deporte. La lección no se la llevó sólo Nike, sino también toda su industria, logrando de paso que se cambiasen los estándares y, tácitamente, la definición del rol de estas empresas.

La globalización también tuvo perdedores. En el mundo desarrollado, los salarios de los trabajadores menos calificados se vieron presionados al competir con sus pares en otros rincones del mundo. Mientras el pequeño poblado de pescadores de Shenzhen se transformaba en una de las megaciudades globales, la desindustrialización de Estados Unidos, Europa y Japón avanzaba a pasos acelerados.

Las otrora gloriosas plantas de producción comenzaron a despedir a trabajadores desplazados por nuevas fábricas en países emergentes. Algunas comunidades lograron adaptarse. Otras vieron la migración de la población joven y vivieron la desoladora realidad de la partida del progreso. Con ello, miles de familias padecieron la tragedia de vidas desplazadas y un futuro incierto.

En su libro *Capitalism in America*, Alan Greenspan y Adrian Wooldridge recuerdan que «no se puede crear un mundo nuevo sin, al mismo tiempo, destruir parte del viejo. La destrucción no es más que un desafortunado efecto colateral de la creación. Es parte del mismo fenómeno: reubicar recursos hacia actividades más productivas inevitablemente conlleva eliminar puestos de trabajo y cerrar plantas, al mismo tiempo que crear nuevos trabajos y abrir nuevos emprendimientos. Las grandes innovaciones pueden destruir industrias completas». Así, la globalización comenzó a acumular enemigos entre los desplazados de los países ricos.

Esta fuerza invisible de la creación destructiva no sucede en el vacío, sino que está liderada por las fuerzas visibles de compañías, empresarios y ejecutivos. Las grandes multinacionales y los empresarios pasaron a ser objeto del debate político, concentrando crecientes críticas desde 1990 por sus políticas de *offshoring*. Su rol en la sociedad comenzó a cuestionarse cada vez más.

Sus enemigos, mostrando el sufrimiento de miles de familias desplazadas, las desafiaban e intentaban llevarlas al patíbulo. En su defensa, las grandes empresas justificaban el movimiento de la producción a países de bajo coste en las fuertes reducciones de precios de sus productos. Sin embargo, cuando los beneficios se distribuyeron entre millones de consumidores, pero los costes se concentraron en grupos específicos, las presiones políticas comenzaron a levantarse con fuerza.

Si bien la expansión de cadenas logísticas se detuvo en 2011, según estudios de la OCDE, los estragos que estos cambios produjeron en la población calaron profundamente en una generación que vio cómo sus expectativas de vida decaían, una vivencia inédita para quienes habían experimentado un continuo progreso durante gran parte del siglo xx en el mundo desarrollado.

Cuando las tensiones político-sociales llegaron al punto más alto contra la globalización, el mundo sufrió la gran recesión de 2008, cuyo origen estuvo en el corazón de las fuerzas financieras que alentaron la globalización de la economía mundial y que habían justificado el rol de la empresa con las propuestas de Milton Friedman.

### 2.2.4. La crisis de 2008 y el auge del autoritarismo

La profunda crisis económica que tuvo como epicentro a Wall Street con réplicas en todo el mundo dio tribuna a los críticos del sistema de libre mercado para ponerlo en el banquillo. Las empresas, y el mismo sistema financiero que había creado millones de trabajos en rincones lejanos del mundo, ahora eran los culpables de la debacle económica. La legitimidad de sus liderazgos y de su forma de actuar sufrió un duro golpe, frente a lo cual se comenzó a cuestionar más aún su rol y sentido en la sociedad.

La gran crisis financiera se gestó por crasos errores por parte de distintas empresas, instituciones, agentes y sistemas. Sus causas y responsabilidades merecen un libro completo. En el contexto de éste, la cuestión relevante es cómo la crisis afectó a la legitimidad del rol con que operaban las empresas.

La quiebra de Lehman Brothers y la gran crisis financiera terminaron de resquebrajar los consensos que se habían establecido con «el fin de la historia». En los intensos debates sobre sus causas y efectos, se cristalizó un relato que dejó una profunda herida sobre la legitimidad del sistema capitalista global y la democracia liberal impuesta por Occidente.

En Estados Unidos y Europa, la legitimidad de la élite gobernante fue puesta en jaque por los contrastes entre Wall Street y Main Street, entre el liderazgo empresarial y la gente de a pie. Mientras ejecutivos financieros impunes recibían bonos a costa de rescates financiados con dinero fiscal, el desempleo y los salarios estancados eran persistentes entre aquellos menos calificados. El movimiento Occupy Wall Street surgía en forma orgánica y se replicaba en varias ciudades, protestando contra la desigualdad y la influencia del dinero. La inyección de capitales de la política monetaria impulsada por los bancos centrales, con directivos no elegidos democráticamente, para asegurar el flujo del crédito y cadena de pagos incrementó el valor de los activos financieros, disparando la valorización de los patrimonios y exacerbando la desigualdad en la distribución de la riqueza. Así se daban elementos que justificaban un discurso basado en el abuso y colusión de una élite que tendría el sistema capturado, el cual dio paso a nuevas figuras políticas donde ser un *outsider*, ajeno a esta flor y nata, era receta de éxito.

«La codicia, la imprudencia y los comportamientos ilegales de Wall Street casi destruyen Estados Unidos y la economía global», sentenciaba el senador Bernie Sanders, quien, tras décadas declarándose socialista, apareció en escena cuando sus ideas encontraron el momento correcto. Sus dardos apuntaban a que Wall Street y las grandes empresas recibieron el rescate financiero más grande de la historia, pagado con los impuestos de la gente, a pesar del daño que habían infligido a las familias y al tejido social de la nación.

Así, la desigualdad se tomó la escena como el talón de Aquiles del sistema capitalista global, hipotecando su legitimidad.

Entre los principales intelectuales que levantaron estas banderas destacan los economistas Joseph Stiglitz y Thomas Piketty.

El relato de Piketty explica la creciente desigualdad de las últimas décadas en la inevitabilidad del crecimiento de la riqueza por encima de los salarios, lo que aceleraría las diferencias de ingreso y riqueza, llevándolas a niveles intolerables para el pacto social de los países. El diagnóstico de Stiglitz dibuja un sistema político capturado por oligarcas codiciosos y mercados disfuncionales que habrían florecido cuando se desreguló la economía. Frente a ello, no quedaría más que condenar al modelo capitalista para refundarlo desde los cimientos.

Sin embargo, las verdaderas causas que han modificado la distribución del ingreso y la riqueza son muy difíciles de establecer. Múltiples factores son los que afectan el ingreso de las distintas familias en la sociedad, pues son fenómenos mucho más complejos que las propuestas de Stiglitz y Piketty, a pesar de que sus planteamientos fueron capaces de tocar un sensible aspecto político. Por ejemplo, un elemento fundamental que rara vez se menciona como una de las múltiples causas del alza de la desigualdad en el mundo desarrollado es el auge de la mujer profesional. Muchos de los hogares más acomodados pasaron a tener dos ingresos, incrementando la diferencia con los hogares más pobres, la mayoría monoparentales o con una sola fuente de ingresos.

Por supuesto, la globalización y las mejoras tecnológicas también pueden explicar el aumento de la desigualdad en los países desarrollados. Mientras muchos de los trabajadores menos calificados competían con los de países en desarrollo o eran simplemente desplazados por nuevas tecnologías, los profesionales veían subir sus salarios con la migración de las economías hacia áreas de servicios.

Explicaciones sobre las causas de la desigualdad existen a destajo. Podría decirse que la desigualdad es como el colesterol. Tal y como hay un buen y un mal colesterol para la salud, habría desigualdad buena y mala para la sociedad. La primera tendría que ver con el esfuerzo y los incentivos económicos, mientras que la segunda, con abusos y monopolios.

El problema es que, mientras todavía no entendemos completamente las causas del fenómeno, el relato que se construye sobre el problema aventura propuestas políticas que apuntan a terminar con el libre comercio y la globalización.

La forma más común como se concibe la desigualdad económica considera la distribución del ingreso entre los ciudadanos de un país. Sin embargo, existen otras formas de entenderla. Pensar en la desigualdad como la brecha de ingreso entre los individuos del mundo otorga una mirada interesante.

El economista del Banco Mundial Branko Milanović estudió las diferencias de ingreso entre los individuos a escala global.[18] Al comparar el bienestar económico de los ciudadanos del mundo bajo un mismo prisma sorprende cómo en los últimos dos siglos el planeta se transformó en un lugar profundamente desigual. Las formas de vida en Estados Unidos y el África subsahariana no guardan comparación. Pero, desde el auge de la globalización, el planeta ha experimentado cierta convergencia, en particular la disminución de la pobreza más extrema. Un indicador fundamental ha sido la convergencia de la expectativa de vida, cuyas profundas diferencias entre países han mostrado impresionantes avances en las áreas más pobres del planeta.

Sin embargo, aún hay distinciones abismales entre los niveles de vida de los países ricos y pobres. La divergencia entre los niveles de ingreso de las naciones ha creado una significativa brecha entre los ciudadanos del mundo, dejando como ganadores de esta lotería a aquellos que han nacido en países exitosos y como tristes perdedores a aquellos relegados a vivir en un país subdesarrollado. Los países exitosos proveen a sus ciudadanos de oportunidades inimaginables para aquellos que han tenido la mala suerte de nacer en otros lugares del planeta.

En su libro *The Haves and the Have-nots*, Branko Milanović plantea cómo la frase «¡Proletarios de todos los países, uníos!» no sólo dejó de tener sentido por el fracaso del comunismo, sino por los cambios que el mundo ha experimentado desde el tiempo

18. Milanović, Branko, *The Haves and the Have-Nots: A Brief and Idiosyncratic History of Global Inequality*, Basic Books, Estados Unidos, 2012.

en que Marx escribió su manifiesto. En aquella época, estima el economista, cerca de un tercio de la desigualdad global existente en el mundo se explicaba por la clase social. En esos días, los más necesitados de todos los rincones compartían realidades similares. Hoy, la situación es muy distinta. El país de residencia es lo que explica la mayor parte de la brecha económica. La evidencia es contundente. Cerca del 60 por ciento de las diferencias de ingreso a nivel mundial se explicarían por el país donde se vive y un 20 por ciento adicional por el estatus social. A modo de ejemplo, el grupo de estadounidenses más pobres, que representa el 5 por ciento de la población total, goza de un poder adquisitivo superior al del 67 por ciento de la población mundial, e incluso mayor al de los ciudadanos ricos de la India, representados por el percentil 95. Bajo esta óptica, es mejor ser pobre en Estados Unidos que rico en la India.

Si bien es indiscutible que altos niveles de desigualdad económica pueden ser nocivos para el correcto funcionamiento de la sociedad, los abrumadores contrastes en la calidad de vida existentes entre una nación y otra nos recuerdan cuán fundamental es hacer de los países economías desarrolladas.

Una de las paradojas más profundas de la globalización y el rol de las empresas es que, por un lado, han ayudado al progreso de países menos desarrollados y ejercido un papel fundamental en la reducción de la pobreza a escala global pero, por otro, han sido parte de las mayores desigualdades observadas en ciertas economías desarrolladas. Casi mil quinientos millones de personas habría salido de la pobreza extrema entre 1990 y el año 2020, según el Banco Mundial. Sin embargo, este rol de la empresa al mismo tiempo habría incrementado la desigualdad dentro de los países más desarrollados. Muchos de los beneficios capturados por el mundo en vías de crecimiento han traído aparejado el desplazamiento de aquellos que han sufrido las consecuencias de la erosión industrial en el mundo desarrollado, lo que le ha creado enemigos de las empresas y de la globalización en el terreno político local.

En este contexto de tensiones sobre la globalización y las alternativas político-económicas se sitúan gran parte de las presiones sobre el rol de la empresa. Por un lado, las últimas décadas han empujado a las grandes compañías a expandirse por el planeta para servir mejor a la sociedad con sus productos y brindar oportunidades a millones de personas que viven en países en vías de desarrollo. Pero, por otra parte, han sido un agente activo en la creación destructiva que ha desplazado las ocupaciones de millones de individuos, principalmente en el mundo desarrollado, que no han logrado adaptarse a los cambios económicos.

El debate político sobre el sistema institucional es una de las grandes incertidumbres que redefinirá las bases para la evolución del rol empresarial de las próximas décadas. El enfrentamiento entre modelos político-económicos alternativos —globalismo versus nacionalismo, liberalismo versus socialismo, democracia versus autoritarismo, entre otros— es uno de los factores claves en los cuales se enmarcan las decisiones y liderazgos empresariales.

El éxito de China, con puño firme en el poder político centralizado, se ha alzado como alternativa a las democracias liberales occidentales, especialmente en países que han fracasado repetidas veces en sus intentos de democracia liberal desde los noventa. A la luz del desenlace de la historia, las expectativas de aquellos intelectuales y políticos de fin de milenio que esperan la democratización de China en virtud del progreso económico se presentan como erradas e inocentes.

«La democracia liberal está obsoleta», proclamó Vladímir Putin. Suena a provocación, pero la aseveración del líder ruso tiene tintes de verdad. En *La era de los líderes autoritarios*, Gideon Rachman, analista del *Financial Times*, caracteriza nuestra era por el ascenso de líderes autoritarios en la política global. La tesis es que este fenómeno va en aumento en capitales tan disímiles como Moscú, Pekín, Delhi, Brasilia, Budapest, Ankara, Riad, Manila, México, Varsovia, Viena, París e incluso Washington.

Para Rachman, los paralelos entre Putin, Xi Jinping, Narendra Modi, Jair Bolsonaro, Viktor Orbán, Recep Tayyip Erdoğan, Mohamed bin Salmán, Manuel López Obrador, Marine Le Pen y Donald Trump marcan una era de líderes mesiánicos, nacionalistas y socialmente conservadores. Su fórmula política ha sido su personalismo como una alternativa a la élite, dispuestos a hacer lo que sea necesario para «salvar al pueblo» de los intereses políticos y empresariales. Sus bases son sectores tradicionales, rurales y/o religiosos, alimentados por el temor de que los valores de su nación y sus formas de vida sean erosionados por la apertura del liberalismo/globalismo a minorías o inmigrantes. Parte de su fórmula incluye aplastar cualquier oposición y debilitar las bases democráticas al presentarlas como barreras para gobernar por y para el pueblo. «Aquellos problemas que se pueden resolver democráticamente se solucionan democráticamente. Aquellos que no, se resuelven de otras maneras», cita en su libro Rachman a una persona cercana a Putin.

En China, Xi Jinping inscribió su filosofía en la Constitución y rompió el límite de dos períodos establecido por Deng Xiaoping. El mayor control de internet es un ejemplo de la arremetida del Partido Comunista chino contra las presiones por mayores libertades civiles de su población. Modi en la India ha levantado una retórica hindú contraria a los musulmanes, dando nuevos bríos a una escisión que setenta años atrás dividió a la India y Pakistán, cuyas heridas aún no sanan. Erdoğan en Turquía ha revertido gran parte del secularismo del fundador Mustafa Kemal Atatürk rememorando las glorias del Imperio otomano. Un ejemplo notable de esto ha sido la decisión de convertir la antigua basílica de Hagia Sofía, que había funcionado como museo desde 1935, nuevamente en una mezquita en 2020. En Brasil, Bolsonaro cimentó su apoyo en grupos evangélicos con retóricas exaltadas contra la homosexualidad, un fenómeno que cruza muchas fronteras. «No tengo problemas con los homosexuales —dijo Vladímir Putin—, pero hay cosas que nos parecen excesivas y no podemos permitir que opaquen la cultura, la tradición y los valores familiares de la gran mayoría de nosotros.»

Aquellos que siguen a estas figuras son generalmente poblaciones rurales, tradicionales y económicamente deprimidas. La elección presidencial francesa de 2022 borró el espectro de izquierdas y derechas —cuyos partidos tradicionales consiguieron menos del 7 por ciento— y dejó ver la polarización geográfica de los votos de Emmanuel Macron y Marine Le Pen. Una vez más, las grandes urbes «globalistas» contrastaban con los «nacionalistas» radicados en pequeñas ciudades y zonas rurales, generalmente deprimidas económicamente en las últimas décadas. En Estados Unidos, el progresismo de las costas contrasta con el incólume apoyo a Donald Trump en el interior. En Inglaterra, el Brexit ganó a pesar del alto rechazo en Londres.

Tras el auge de la democracia liberal durante los años noventa, cuando decenas de naciones apostaban por la democracia y la libertad, el mundo ha derivado en un período de autoritarismos. Para Gideon Rachman, la victoria de Trump fue un momento de quiebre al emular la receta de los *strongmen* que ya se veía en otros países, lo cual no sólo se expresa en retóricas violentas, sino también en la deslegitimización de las instituciones a base de *fake news* y, en su punto máximo, juzgando su fracaso electoral como producto de la corrupción y alentando el ataque a un símbolo como el Capitolio.

La democracia liberal es frágil. Si bien las tiranías del siglo xxi son distintas, el autoritarismo pareciera estar de vuelta poniendo a prueba la fortaleza de las democracias liberales bajo el alero de presiones económicas y la pérdida de legitimidad de las élites.

Para las grandes empresas, un entorno con reglas claras a escala global es fundamental. Sin embargo, el desprestigio de las instituciones, junto con el auge de gobernantes autoritarios, capaces de erosionar el imperio de la ley o los acuerdos internacionales, crea mayores incertidumbres y problemas, en los cuales sus decisiones y proyectos globales se hacen más arriesgados y complejos.

La retórica violenta del símbolo principal de esta saga autoritaria de *strongmen*, Vladímir Putin, decantó en el mayor riesgo de este fenómeno: la guerra. El conflicto en Ucrania ha marcado una profunda ruptura en el orden global posterior a la caída del Muro de Berlín, con importantes consecuencias para la economía global y las grandes empresas. De paso, ha debilitado la base política de la teoría de la modernización, que establecía que mayores e intrincados lazos comerciales harían de la guerra un hecho impensable, por la interdependencia económica entre los pueblos. Durante décadas, las empresas operaron bajo el paradigma de un mundo en paz, justificado en que no sería del interés de ningún país comenzar una guerra dada la interdependencia económica. Sin embargo, el ataque de Putin sobre Ucrania socavó tales bases, especialmente después de que Xi Jinping dijera que la asociación entre China y Rusia no tenía límites tan sólo días antes del ataque ruso, pese a que con el avance de la guerra ese apoyo incondicional fue mutando.

La invasión a Ucrania por parte de Putin creó un grave problema para las empresas multinacionales vinculadas con Rusia. Las más afectadas fueron las compañías energéticas, entre las cuales British Petroleum reconoció una potencial pérdida de hasta 25.000 millones de dólares al anunciar su voluntad de dejar tan pronto como sea posible su posición en Rosneft, una de las gigantes petroleras controladas por el Estado ruso. Al mismo tiempo, empresas como Ikea y McDonald's cerraron sus operaciones y anunciaron su decisión de deshacerse rápidamente de sus activos. Junto con la invasión vino una serie de empresas que se agolparon por terminar cualquier vínculo con la Rusia de Putin. Nadie quería ser ni aparecer como cómplice del nuevo villano que irrumpía en la película.

Por otro lado, las drásticas sanciones económicas impuestas a Rusia y el alza de tensiones entre Estados Unidos y China, sumadas a las recientes disrupciones de las cadenas de suministro producto de la pandemia, han hecho repensar las cadenas de producción global, relevando la fiabilidad sobre la eficiencia de costes.

El proceso de globalización llevó a relocalizar plantas y trabajos en países emergentes. Sin embargo, empresas como BMW y Volkswagen están sufriendo las consecuencias de situar su cadena productiva en Ucrania. En medio de las tensiones de la guerra, han considerado llevar miles de trabajos de vuelta a la Unión Europea. Por otro lado, el auge de la India y Vietnam muestra cómo otras grandes empresas han comenzado a diversificar su dependencia productiva china.

## 2.2.5. La trinidad imposible

Una de las preguntas más complejas de nuestra época es qué sucederá con la globalización. Así como el rol de las grandes empresas fue diferente entre el período anterior a la globalización, marcado por el consenso del New Deal antes de los setenta y el período de apertura global que continuó hasta nuestros días, es posible que veamos un nuevo reordenamiento internacional con consecuencias sobre el sentido de la empresa, el tipo de competencia que enfrenta y su rol en la sociedad.

Las profundas tensiones que la globalización ha creado encierran paradojas sobre el orden político, social y económico del mundo. Dani Rodrik, académico de Harvard, expone estas contradicciones de la globalización en sus libros *The Globalization Paradox* (2011) y *Straight Talk on Trade* (2017). El intelectual sostiene que profundizar la globalización no es viable a largo plazo con un ordenamiento de naciones soberanas con regímenes democráticos. Desde esa perspectiva, la integración global, la soberanía nacional y la democracia no podrían coexistir sin engendrar indefectiblemente tensiones irremediables. En sus palabras, una trinidad imposible entre globalización, democracia y soberanía.

Rodrik construye su tesis bajo el convencimiento de que una mayor integración global acotará a la mínima expresión la viabilidad de acuerdos político-sociales en naciones soberanas. Pues, con su fluidez global, el capital y las grandes empresas se llevarán el empleo y el progreso a regiones o naciones sin políticas sociales ni restricciones medioambientales o regulatorias, y con bajos impuestos.

Así, la globalización restringiría el campo de acción de la política y del gobierno. La pérdida de soberanía afectaría a la legitimidad de los políticos, pues serían sólo un eslabón inerme y torpe en la red económica global dominada por las grandes empresas que buscan su eficiencia en la creación destructiva. Consignas como «*America First*» o ataques a los «globalistas» son claras señales de políticos locales para contrarrestar las fuerzas de la globalización, que curiosamente han comenzado a aparecer tanto en los extremos de la derecha como de la izquierda de múltiples países.

Bajo el esquema de Rodrik el mundo tendría, en sus extremos, tres alternativas. Primero: un mundo totalmente globalizado con una democracia global, desplazando las soberanías nacionales. Segundo: democracias quebradas por dictaduras económicamente integradas en la economía global, que manejan —y oprimen— sus pactos sociales al margen de su electorado. Y tercero: Estados nación y políticos que limitan la integración económica por medio de controles de capital, tarifas a la importación y barreras a la inmigración. Cada uno de los tres escenarios extremos implica profundas diferencias para el rol de la empresa.

La primera opción de una democracia global es tan utópica como orwelliana. El debate sobre el papel de la empresa se enmarca en las tensiones entre la segunda y la tercera alternativas, donde o se mantiene una profunda globalización a costa de mayores autoritarismos o las democracias liberales limitan o repliegan la globalización, con las implicaciones que eso tiene para el progreso y el rol empresarial. De hecho, algunos fenómenos actuales riman con las dos alternativas que conllevan retrocesos en la integración global y la democracia.

Un ejemplo es la guerra comercial y sus amenazas de aranceles internacionales que caracterizó al gobierno de Donald Trump. A su vez, es una respuesta a China, que exitosamente ha sabido administrar, gracias a la maniobrabilidad de su gobierno no democrático, su integración económica. He ahí una explicación a la paradoja de que el paladín actual de la globalización sea Xi Jinping.

Luego, el Brexit es un enérgico y caótico esfuerzo para salvar la soberanía británica que se diluía en manos de la Unión Europea. Su confusa escisión comercial creó incertidumbres que han traído costes a la economía inglesa.

La receta que propone Rodrik desde hace décadas es la reivindicación de la soberanía para proteger la democracia, a costa de una globalización tamizada. El problema es que nadie sabe muy bien cómo hacerlo. Es justamente en este embrollo donde se ha comenzado a redefinir cuál debería ser el rol y sentido de la empresa.

Pero la mirada de Rodrik omite consideraciones sobre el papel de una sociedad civil robusta, capaz de influir con sus decisiones de consumo, empleo e inversión sobre las empresas, además de hacerlo con sus votos y manifestaciones en el sistema político y social. En el trasfondo de la propuesta de una trinidad imposible, la ciudadanía se presenta como indefensos consumidores.

Adicionalmente, los contrastes en la política industrial de los distintos países se suman a las tensiones globales. Por un lado, la creación de gigantes empresas industriales en China ha puesto en jaque las políticas antimonopolio de Occidente. Como respuesta, las democracias occidentales deberían ceder parte de sus criterios de protección de la libre competencia en sus mercados, permitiendo la consolidación de empresas para contrarrestar el tamaño de sus competidores orientales. Por ejemplo, en 2018, el regulador antimonopolio europeo fue muy criticado por bloquear la fusión de las principales compañías fabricantes de trenes, Alstom y Siemens, para contrapesar el tamaño de CRRC (China Railway Resources Company). Esta empresa china cuadriplica las ventas de Alstom y Siemens, amenazando sus posiciones competitivas. La concentración de la suma de Alstom y Siemens en el mercado europeo hubiese sido inédita, pero para sus liderazgos empresariales quedaban pocas alternativas para rivalizar con un competidor de la dimensión alcanzada por CRRC.

Años atrás, Eric Schmidt, uno de los líderes de Google, presagió dos redes de internet, una bajo control chino y otra occidental. Ahora algunos anticipan una divergencia hacia dos zonas económicas, una bajo el eje chino-ruso y otra occidental. Cual Chagall arrancando de los bolcheviques, los rusos quizá teman ver de vuelta una estética soviética tras la partida de Ikea, McDonald's y la gran mayoría de las empresas occidentales que les dieron acceso a la vida moderna. De hecho, en uno de sus discursos tras la invasión a Ucrania, una vez impuestas las draconianas sanciones económicas, Putin justificó una autarquía dolorosa como un beneficio que brindaría más independencia a los rusos.

«Las tensiones entre Estados Unidos y China se aceleraron con la pandemia y, ahora, con la invasión a Ucrania por parte de Rusia estas tendencias han levantado serias preocupaciones sobre una escisión del mundo», advirtió José Manuel Durão Barroso, expresidente de la Comisión Europea y actualmente asociado a Goldman Sachs International.

Es posible que veamos al mundo converger a divisiones parciales entre los mercados internacionales, con integraciones económicas regionales, independientes y paralelas, entre países con políticas sociales, tributarias y medioambientales armoniosas. Mientras, seremos testigos de cómo las empresas intentan adaptar su rol a las cambiantes circunstancias de la globalización y al distanciamiento político y comercial entre algunos países del mundo.

Muchas empresas han desarrollado una relación más íntima con políticos locales, y en ocasiones respondiendo a requerimientos de sus consumidores domésticos. Las etiquetas de «producto local» están adquiriendo cada vez mayor relevancia entre los argumentos de marketing. Son innumerables los mercados en los cuales los consumidores están optando por productos locales, priorizándolos a la hora de elegir e incluso dispuestos a pagar más por ellos. Por otro lado, en diversas industrias asociadas al gasto público, por ejemplo infraestructura y electricidad, algunos países han desarrollado criterios comerciales para privilegiar la manufactura local, contrapesando las ventajas de costes de importadores.

En esta divergencia político-económica, algunos analistas han propuesto que los problemas de la Bolsa de Hong Kong, con su actividad en franco retroceso, sin nuevas aperturas en bolsa ni la llegada de nuevos inversores, serían el canario que alerta del impacto real de la potencial separación de los mercados globales dadas las tensiones entre Occidente y China. Hong Kong, otrora un punto céntrico de la integración económica global, ha intentado por todos los medios revitalizar su alicaída actividad, sin embargo, es posible que sus esfuerzos sean en vano dentro de las mareas geopolíticas actuales.

En 2022, el gigante bancario HSBC pasó a la línea de fuego al sufrir los ataques de su principal accionista, Ping An, quien promovía quebrar el banco en dos: en una operación asiática y otra occidental. En opinión de Ping An, principal empresa aseguradora china, las tensiones geopolíticas entre China, Estados Unidos e Inglaterra habrían creado condiciones muy difíciles para que el banco navegase a salvo.

Frente a la propuesta del fundador de Ping An, Peter Ma, la administración de HSBC, con oficinas centrales en Londres y Hong Kong, argumentó que gran parte de sus negocios dependían de su extensa red internacional, con operaciones en más de sesenta y cuatro países. Dividir sus operaciones de casi 3 billones de dólares (millones de millones) de activos —más que JP Morgan, Bank of America o Citigroup— traería pérdidas de competitividad relevantes. Sin embargo, la posibilidad de sanciones económicas ante el aumento de tensiones entre China y Occidente podría resultar un nudo ciego para la compañía.

Un repliegue de la globalización necesariamente traerá consecuencias. Si una parte relevante del incremento de la productividad que ha sido posible gracias a la globalización se revirtiese abruptamente, los precios de millones de bienes se elevarían y con ello la inflación, aumentando el coste de vida, lo que ocasionaría además una disminución significativa de las tasas de crecimiento y pavimentaría el camino a una recesión.

En 2022, Janet Yellen, secretaria del Tesoro del presidente Biden, hizo un llamamiento a un nuevo acuerdo de Bretton Woods que redefiniera las reglas de comercio internacional. La política comercial estadounidense, advirtió Yellen, ya no dejará los mercados a su libre albedrío, sino que les exigirá sostener ciertos principios: respetar las soberanías nacionales, un orden global basado en reglas y estándares, tanto laborales como ambientales. El objetivo de Estados Unidos no sería meramente el libre comercio, sino también el comercio seguro. No se debe permitir que los países usen sus posiciones de mercado, por ejemplo, en sus reservas de materiales, tecnologías o productos, como una fuente de poder geopolítico, una señal de advertencia a China con su control de las tierras raras, a la relevancia de Taiwán y su concentración de chips semiconductores, o a Rusia y a los países de la OPEC por su relevancia en la producción de combustibles fósiles. A su vez, Yellen acuñó un nuevo término, el *friendshoring*, para definir la reubicación de cadenas productivas de las empresas en países cercanos diplomática e ideológicamente a Estados Unidos. El anhelo de Yellen sería hacer de la economía global, magullada con la guerra de Ucrania y la pandemia, un sistema más seguro, que promueva una sociedad más cohesionada, que garantice la libertad y la prosperidad. A sus ojos, los mercados por sí mismos no pueden asegurarlo y la intervención de los Estados para imponer nuevas reglas sería perentoria.

Pero más allá de diseños voluntaristas y prescripciones globales, como las de Yellen, vale la pena preguntarse qué elemento de la trinidad imposible —globalización, democracia y soberanía— es el más débil y propenso a quebrarse. La mera pregunta resulta escalofriante y sus consecuencias hacen la tarea aún más difícil para las empresas, ya que anticipar el entorno geopolítico en el que deben tomar sus decisiones y embarcar nuevos proyectos se ha hecho cada vez más confuso.

Por otra parte, una pregunta más optimista es examinar el rol de la sociedad civil, de la gente, como consumidores, empleados, inversores o ciudadanos, para redefinir el sistema empresarial, sin necesidad de intervenciones centralizadas.

## 2.3. El auge de los gerentes profesionales

La estructuración de empresas como sociedades anónimas de responsabilidad limitada trajo grandes ventajas al mundo. Esta institución legal ha sido capaz de suplir necesidades de la sociedad que requieren grandes cantidades de capital y la organización de miles de personas. Canales, ferrocarriles, navieras, grandes operaciones industriales y energéticas hubiesen sido difíciles de ejecutar si no se contase con las sociedades anónimas. Su innovación es estructurar el capital con una manera de gobernar la empresa, donde el único riesgo de los accionistas es perder su contribución monetaria, a cambio del cual eligen a un consejo para que represente sus intereses, que a su vez nombra ejecutivos que gestionan la empresa. Antes hubiese sido arduo agregar tantos recursos y, de haberlo conseguido, hubiese sido difícil hacerlos coincidir con el conocimiento técnico para ordenarlos en aras de un objetivo común.

Pero la separación de los dueños de la empresa y sus operaciones crea incertidumbres respecto de sobre quién recae la responsabilidad de decidir ciertos temas. Más grave aún, da paso a potenciales conflictos de intereses entre los múltiples agentes de la empresa y los dueños últimos de su capital, la gente y sus ahorros.

Tales conflictos de intereses son complejos, pues, por un lado, algunas decisiones de la compañía son difíciles y, por otro, la línea entre lo correcto e incorrecto no siempre resulta evidente. En su forma más extrema, se dan los casos en que ejecutivos, consejos y administradores de capitales caen en el engaño y la corrupción: los delitos de cuello blanco, donde a quienes se les ha confiado la empresa traicionan esa confianza apropiándose de recursos que no les pertenecen.

En ese contexto, hay que entender la evolución de la figura del ejecutivo, consejero y representante de los accionistas, cuyas interacciones han tomado distintas formas. Los conflictos entre unos y otros son muestras de las supervisiones que el sistema establece para el buen funcionamiento de la empresa, por ejemplo, los esfuerzos de inversores por medio de campañas para criticar a ejecutivos u ofertas hostiles para hacerse con el control de una compañía.

Hubo un tiempo en que los negocios eran atendidos por sus dueños y cada interacción comercial estaba definida por una relación cercana. Las partes se saludaban, se miraban a los ojos, conversaban, y a veces se apretaban las manos celebrando su confianza mutua tras la transacción.

El notable profesor Alfred D. Chandler Jr. —cuyo objeto de estudio fue la historia de las empresas, sus técnicas y sus liderazgos— explica cómo el perfil y el rol del hombre y la mujer de negocios fue cambiando a lo largo de los años.[19] En la simpleza de la economía rural, antes de la Revolución Industrial del siglo xix, el mercader caracterizaba al hombre de negocios. Entre granjeros y artesanos, éste articulaba las transacciones, ya sea a escala local, regional o en el limitado comercio internacional. Generalmente era un comerciante «multipropósito», que vendía mercancías como mayorista y al por menor, y muchas veces también

---

19. Chandler Jr., Alfred D., *The Role of Business: A Historical Survey*, Oxford University Press, Reino Unido, 1996.

financiaba y aseguraba negocios o producciones agrícolas. En sus redes comerciales, los lazos familiares eran esenciales, pues eran el mejor sello de confianza cuando la comunicación era lenta y escasa.

Con la Revolución Industrial, aparecieron excepcionales mejoras en la producción, notablemente en la industria textil inglesa, que comenzó a importar grandes cantidades de algodón. Entre las guerras napoleónicas, los mercaderes continuaron actuando como integradores económicos, pero ahora manejando mayores volúmenes. Surgieron especialistas en sus títulos y en formas de financiamiento, con bancos comerciales y firmas aseguradoras, que fueron instrumentales para solventar la construcción de los canales y caminos que agilizaban el creciente movimiento de bienes. Con ello, los mercaderes comenzaron a especializarse en sus funciones, ya sea como distribuidores mayoristas o vendedores al por menor, como exportadores o importadores. Algunos se dedicaron a ser prestamistas en la banca y otros a la venta de seguros. En esta especialización, el mayorista fue el más influyente, pues dirigía, por ejemplo, los flujos de algodón, madera o productos agrícolas, además de manejar las ventas y el marketing de lo que distribuían. Adicionalmente, financiaban los inventarios y créditos de venta que solventaban el crecimiento a largo plazo del comercio, influían en los gobiernos locales para que facilitaran la infraestructura necesaria y promovían la adopción de tecnología a las firmas productivas con las que trabajaban.

En el correr del siglo xix, la economía comenzó a hacerse cada vez más compleja y con ello el manejo de los crecientes negocios. A su vez, la información empezó a hacerse más frecuente y expedita. Con ello se incrementó la prevalencia de ejecutivos profesionales por encima de los parientes en la administración de los negocios. Los lazos familiares siguieron siendo relevantes, especialmente como una fuente de capital para la formación de nuevos emprendimientos, aunque en la administración misma el valor de las cualidades profesionales comenzó a desplazar la proximidad familiar.

Notables cambios tecnológicos marcaron la segunda mitad del siglo xix: fue la era del motor de vapor y del acero, de la fábrica de manufactura y de los trenes. Estados Unidos convertía su economía rural en una potencia industrial. A finales de siglo, el producto industrial estadounidense se equiparó al del Reino Unido, Francia y Alemania combinados. A comienzos de la Primera Guerra Mundial, Estados Unidos producía más de un tercio de los bienes industriales del mundo. El profesor Chandler ilustra tal magnitud con el crecimiento de las vías ferroviarias entre 1849 y 1884: de menos de diez mil kilómetros a más de trescientos mil kilómetros, equivalentes a casi la mitad de las líneas del planeta. En 1850, la planta manufacturera era una rareza fuera de la industria textil y del hierro. En 1880, el censo indicaba que casi el 80 por ciento de los tres millones de operarios en la industria mecanizada trabajaba en fábricas alimentadas con motores de vapor.

Inicialmente, los distribuidores mayoristas mantuvieron su preponderancia, mientras las empresas manufactureras se enfocaban en invertir en plantas y aumentar su producción. Sin embargo, la situación cambió hacia finales del siglo debido a tres razones. Según el profesor Chandler, se creó la necesidad entre los manufactureros de tomar control sobre el nivel de producción por los problemas de los distribuidores para manejar el creciente volumen y número de compañías, sumado al autofinanciamiento de los industriales en sus saludables ganancias y al desequilibrio entre oferta y demanda generado por la acelerada productividad e inversiones. El exceso en la capacidad productiva desplomó los precios y promovió consolidaciones en varios sectores, exacerbando el crecimiento de las empresas. Muchas de ellas comenzaron también a integrarse verticalmente para asegurar el flujo continuo de su producción. John D. Rockefeller y sus asociados en Standard Oil fueron los primeros en seguir esta estrategia, llegando a controlar casi toda su industria y el ciclo del petróleo: desde la exploración, extracción, transporte y refinación hasta el manejo de la red de distribución y oficinas de venta.

Las primeras empresas manufactureras en saltarse a los distribuidores fueron aquellas cuyos productos eran más complejos y durables, cuya venta requería no sólo explicar su funcionamiento, sino también otorgar crédito a los clientes y asegurar los servicios de reparación y mantenimiento. Con ello, las empresas de venta al por menor comenzaron a comprar directamente a los industriales.

De este modo, las compañías manufactureras empezaron a tomar el rol clave de coordinadores de la economía. Junto con las empresas ferroviarias, fueron los iconos de la época dorada de finales del siglo XIX.

La revolución de los gerentes se inició con los ferrocarriles. Para desarrollar esa infraestructura se requería gran cantidad de capital y ejércitos de profesionales para administrarlos. El Erie Railroad empleaba cerca de cuatro mil personas a mitad de siglo XIX, mientras que las principales manufactureras apenas empleaban unos pocos cientos. Al comenzar el siglo XX, el Pennsylvania Railroad ya tenía más de cien mil empleados.

Los ferrocarriles no sólo operaban a escalas no vistas anteriormente, sino que también corrían riesgos mayores. Si se equivocaban en sus itinerarios, arriesgaban una monumental colisión de dos monstruos de acero a más de cien kilómetros por hora.

Así se creó el gerente profesional, elevado al cargo más alto por sus competencias en lugar de por parentescos. Estos directivos operaban bajo claras jerarquías, se informaban con revistas y libros especializados, y se aventuraban en los primeros métodos de gestión. Así, los grandes ferroviarios se vincularon a la administración racional y rigurosa asociada al mundo de las finanzas y el capital. Por lo demás, el auge del ferrocarril fue financiado principalmente por banqueros en Wall Street, que canalizaron gran cantidad de capital a las inversiones realizadas y luego exigieron a sus empresas seguir sus lógicas financieras. Con los años, comenzó a desarrollarse una nueva cultura inversionista, donde no sólo la inversión en acciones sino también en bonos se disparó por la cantidad de recursos requeridos por la creciente infraestructura. En paralelo con las jerarquías de gerentes, también aparecieron multitud de inversores que operaban en el mercado de capitales que financiaba sus proyectos. La novela *El gran Gatsby*, de Francis Scott Fitzgerald, cristaliza parte de ese mundo en el período de auge y excesos entre las dos guerras mundiales en el que las inversiones, la tecnología y la opulencia inundan la vida neoyorquina.

Poco a poco, el modelo de la gran empresa se expandió desde los ferrocarriles al mundo del acero y del petróleo bajo el liderazgo de Carnegie y Rockefeller, para luego pasar a la tecnología y bienes de consumo: AT&T, Kodak, Nabisco y General Electric. Todos estos gigantes, alimentados bajo el inagotable esquema de la sociedad anónima de responsabilidad limitada, crecieron tan rápido como era posible para reducir sus costes basándose en economías de escala. Se integraron vertical y horizontalmente fortaleciendo su posición competitiva. Una de las últimas áreas de expansión fue el comercio, otrora dominado por los pequeños almacenes de barrio. En una generación, las tiendecitas de *mom and pops* fueron desplazadas por nuevos y crecientes *retailers* que utilizaron su escala y la infraestructura de transporte y telecomunicaciones para expandir sus redes logísticas y bajar más aún sus costes; resulta icónico el éxito de Sears, que partió siendo una compañía de pedidos por catálogo.

Las prácticas y estándares de la administración empresarial, junto con la búsqueda de eficiencias, llevó a una ola de fusiones y adquisiciones que consolidaron la industria. El banquero J. P. Morgan fue uno de los más extraordinarios directores de orquesta. Esto condujo a que cada vez se fuese separando más la propiedad de la administración de estas grandes compañías. Ahora eran ejecutivos asalariados quienes controlaban las decisiones de estos gigantes empresariales, mientras sus fundadores mantenían posiciones en un consejo integrado por múltiples actores, representantes de los bancos, del público y del equipo ejecutivo.

Ford Motors Company fue una de las pocas compañías que se mantuvo sin abrirse en bolsa en manos de la familia fundadora. Paradójicamente, fue Ford también una de las responsables de perfeccionar uno de los más notables métodos de gestión del cambio de siglo: la producción en masa. Henry Ford trajo el concepto de estandarizar la producción y masificarla a niveles inéditos, compartimentando el proceso de producción en tareas individuales y repetitivas en una línea de ensamblaje. Ahora los empleados se ubicaban en sus lugares de trabajo repitiendo mecánicamente la misma tarea una y otra vez hasta desarrollar eficiencias impensadas. En el libro *Los principios de la administración científica* de 1911, Frederick Taylor establecía que, mientras en el pasado lo que primaba era el hombre, ahora era el sistema.

El auge del capitalismo de gerencia se basó en la estandarización de la producción y también de la innovación. Antes muchas compañías preferían improvisar a la hora de inventar; sin embargo, una serie de publicaciones empezaron a diseminar las nuevas tecnologías y patentes, lo que hizo que se crearan centros de innovación donde activamente se discutía y avanzaba en novedosos sistemas.

En el núcleo del progreso de Estados Unidos se ubicaron estas grandes empresas, cuyo tamaño alcanzó inéditas dimensiones, completamente ajenas a la escala humana, empresas cuya propiedad estaba diseminada en el público y cuya administración radicaba en ejecutivos profesionales, determinados a extender y acrecentar sus productos estandarizados. Su importancia, cada vez mayor, comenzó a hacer de su rol y sentido una definición con implicaciones cada vez más relevantes para la sociedad.

La reorganización de la actividad económica, centrada cada vez más en servicios, empezó a concentrarse en centros urbanos y grandes ciudades. Entre 1928 y 1930, Nueva York inauguró los edificios Empire State y Chrysler. Estas ciudades generaban profundos cambios en las formas de vida.

Gracias a la producción en masa, durante la primera mitad del siglo xx se democratizó el acceso a las grandes innovaciones. Millones de familias comenzaron a encender bombillas eléctricas en sus nuevas casas, a conducir automóviles, a cruzar grandes distancias en flamantes aviones, a conservar su comida en refrigeradores y a limpiar su ropa en lavadoras. Lo que otrora era concebido como un lujo exclusivo de los ricos alcanzaba a la bullente clase media norteamericana. Así también apareció el marketing. Vender pasó a ser una ciencia y un arte. El vendedor estadounidense pasó a ser una figura clave del nuevo siglo.

La expansión de las grandes empresas trajo aparejada la democratización del mercado de capitales. Más y más gente invertía sus ahorros en el auge de las grandes compañías que las empleaban o producían los bienes y servicios que consumían. Antes de la crisis de 1929, la mitad de los dividendos pagados por las grandes empresas iban a manos de personas de a pie, esa creciente clase media.[20]

Las grandes empresas, sus productos, sus plantas de producción, sus empleos, sus acciones y sus dividendos habían pasado a ser parte integral de la modernidad que se gestaba.

La batalla empresarial más significativa de la primera mitad del siglo XX fue entre Ford y General Motors. La primera era una grande y exitosa empresa familiar controlada por Henry Ford. La línea de producción había llevado a Ford Motors al pináculo de su sector a escala global. Sin embargo, esta empresa familiar representaba el orden anterior. Su fundador desdeñaba a empresas como General Motors, compañías abiertas en bolsa y dirigidas por gerentes en lugar de por sus dueños. Sin embargo, a lo largo del siglo XX, Henry Ford fue derrotado por su archienemigo, el reputado ejecutivo profesional Alfred Sloan.

En 1921, Ford dominaba el mercado estadounidense con más de la mitad de participación de mercado mientras GM apenas poseía el 13 por ciento. Henry Ford era admirado como la máxima expresión del hombre de negocios norteamericano. Sin embargo, a finales de esa década, GM alcanzó a Ford y en los diez años siguientes lo desplazó por una holgada ventaja.

La receta del éxito fueron las técnicas de gestión de Alfred Sloan, quien diseñó la organización «multidivisional», creando las bases para combinar las virtudes de la escala con las ventajas de la especialización. Las divisiones tuvieron sus propios estados de resultados y su desempeño fue medido en términos del beneficio al capital invertido. De esta manera, comenzó a manejar la complejidad y la escala, mejorando no sólo la calidad y variedad de los productos, sino también los beneficios financieros de la empresa. Las divisiones de GM eran responsables de producir distintas clases de coches, dependiendo del tipo de demanda,

20. Greenspan, Alan; y Wooldridge, Adrian, *Capitalism in America: A History*, Penguin Press, Estados Unidos, 2018.

lo que era una diferencia brutal con la uniformidad del Ford T. «De la descentralización obtenemos iniciativa, responsabilidad, desarrollo de personas, flexibilidad y decisiones próximas a la fuente de información, mientras que de la coordinación entre divisiones obtenemos las eficiencias y economías de la escala», explicaba Alfred Sloan, cuyo nombre engalana la Escuela de Negocios del MIT (Massachusetts Institute of Technology). Desde las funciones centrales, el gerente general comandaba esta organización asignando capital y personas entre las divisiones y ajustando la organización de acuerdo con los requerimientos del mercado.

Así, a partir de la década de los veinte, estos gerentes pioneros en General Motors, General Electric, Standard Oil of New Jersey (ExxonMobil), DuPont y Sears comenzaron a desarrollar nuevas y sofisticadas técnicas para coordinar y adaptar las actividades de sus grandes empresas. Basaban su planificación de corto y largo plazo en predicciones de condiciones de mercado, medían sus resultados de acuerdo con presupuestos que se revisaban y ajustaban. Según las proyecciones, establecían planificaciones de producción, de compras, empleo, capital de trabajo y políticas de precios. Poco a poco se comenzaron a integrar las necesidades de personal para el desarrollo de nuevos productos y procesos basados en innovaciones. Así, las empresas empezaron a diversificarse mediante la aplicación de métodos de gerencia, los cuales, según el profesor Chandler, les otorgaban una ventaja competitiva con sus pares menos sofisticados.

El crecimiento de las empresas dio paso a un nuevo tipo de individuo: el gerente de carrera. Profesionales que pasaban décadas ascendiendo y moviéndose entre las distintas jerarquías de estas empresas, las cuales requerían más y más personas para administrar su creciente negocio.

Al mismo tiempo, las universidades se percataron de la necesidad de entrenar a los alumnos en estas tendencias. En 1908, Harvard creó la primera Escuela de Negocios y el primer programa de MBA con quince profesores y menos de cien estudiantes.

En 1933, Marvin Bower, graduado de MBA de Harvard, conoció a James McKinsey, exprofesor de la Universidad de Chicago y fundador de una firma de contables e ingenieros. Bower había llegado a la conclusión de que Estados Unidos tenía suficientes profesionales que sabían cómo administrar una empresa por ensayo y error, pero no profesionales que los ayudasen a evitar esos errores en el primer intento. Así persuadió a McKinsey de crear consultores de la administración de la empresa: *management consultants*. Metódicamente, Bower convirtió a la pequeña firma de consultores en el gigante que es hoy día, McKinsey & Company, y fue el alma de «la firma» hasta su muerte en 2003.

En el entusiasmo por la ciencia de la administración de empresas, en 1956, General Electric abrió su famosa universidad en Crotonville, Nueva York, cuna de grandes talentos directivos y cuyas plazas eran peleadas entre los ambiciosos jóvenes que se sumaban a las filas de la compañía.

«La gran empresa es el verdadero símbolo de nuestro orden social», señaló Peter Drucker. El dinamismo del mundo empresarial norteamericano, donde estos gerentes disponían de casi total libertad para impulsar sus firmas hacia la dirección que eligiesen, mostraba grandes contrastes con sus pares en Japón o Alemania, donde aún el Ministerio de Hacienda o los bancos aunaban gran poder de decisión sobre las empresas. Esto permitió realizar apuestas más arriesgadas, que mostraron sus réditos en compañías muy innovadoras como IBM o AT&T.

Durante el siglo xx, la estandarización alcanzó otras áreas de la economía. McDonald's irrumpió en la industria de los restaurantes y su modelo de franquicias aceleró radicalmente su expansión por Estados Unidos y luego el resto del mundo. Después, las pequeñas tiendas de supermercados, características de los barrios, también empezaron a ser desplazadas por compañías que utilizaban la estandarización y la escala para reducir sus costes, devorando cuotas de mercados.

Desde una pequeña ciudad de Bentonville en Arkansas, Sam Walton con Walmart conquistó todo Estados Unidos y luego gran parte del mundo. Con un objetivo obsesivo de llevar los menores precios a los consumidores por medio de la escala en la compra y logística, logró reducir sus costes y conquistar mayores cuotas del mercado desplazando a competidores más pequeños que difícilmente podían igualar sus ofertas. En el puñado de décadas desde su creación, Walmart se consolidó como la empresa más grande del mundo en términos de ventas, las cuales superan el PIB de más del 90 por ciento de los países del mundo.

Estas técnicas empresariales se extendieron más allá de Estados Unidos y Europa. Su adopción en Japón fue particularmente notable durante el siglo xx, estableciendo las bases para crear grandes conglomerados industriales. Tras la Segunda Guerra Mundial, el apoyo estadounidense a Japón contribuyó al desarrollo de empresas automovilísticas locales, entre las cuales Toyota rápidamente ganó el liderazgo, creando un rival importante para la batalla entre Ford y GM.

Después de la humillante derrota de 1945, el *boom* económico nipón impulsó a la empresa, que fue una nueva fuente de orgullo nacional. La arremetida de la automovilística japonesa en suelo estadounidense se dejó sentir cuando lanzaron el Toyota Corolla y abrieron plantas de ensamblaje en Estados Unidos, a las que llevaban una serie de componentes desde otros rincones del mundo.

La victoria de Toyota, con productos de mejor calidad y menores precios, se basó en sus innovaciones de gestión, las cuales le brindaron una ventaja competitiva. Desde la línea de producción en masa a la organización empresarial, Toyota innovó en la gestión de la calidad, lo que le permitió excepcionales ventajas competitivas que forzó a la industria completa a adaptarse o desaparecer. Actualmente, el sistema de producción de Toyota es prevalente en toda la industria automovilística y se ha extendido a otros sectores industriales. Este sistema denominado *kaizen*, basado en las mejoras continuas, busca optimizar la producción con objetivos medibles de *mudi*, *mura* y *muda*, para reducir sobrecargas, inconsistencias y mermas, respectivamente.

Actualmente, estas palancas fundamentales de mejoras de la productividad son un mantra en el mundo industrial. Sus pilares: *just in time* —producir sólo lo necesario, sólo cuando es necesitado, y sólo en la cantidad requerida— y *jikoda* —automatización inteligente para la identificación y corrección inmediata de problemas de calidad— son conceptos fundamentales para cualquier ingeniero industrial. Se cuenta una historia, la visita de un ingeniero estadounidense a una de las plantas de ensamblaje japonés, quien asombrado preguntó: «¿Cómo hacen para que cada puerta se ajuste perfectamente?», a sabiendas de que en sus plantas había relevantes trabajos de ajustes —muchas veces a golpes— de las distintas piezas para que el modelo avanzara en la línea. La respuesta del japonés fue: «Diseñamos el proceso para que cada pieza se ajuste perfectamente, de otro modo el sistema completo se detiene».

### 2.3.1. La gran innovación: sociedad anónima de responsabilidad limitada

«Sopeso mis palabras cuando juzgo que la creación de la sociedad anónima de responsabilidad limitada es el principal y más importante descubrimiento de los tiempos modernos, al juzgarlo por sus efectos sociales, éticos, industriales o, a largo plazo, políticos. Incluso la máquina de vapor o la electricidad son mucho menos importantes que la sociedad de responsabilidad limitada», dijo Nicholas Murray Butler, quien fue el presidente de la Universidad de Columbia entre 1902 y 1945.

En la medida en que las tecnologías fueron avanzando, la sociedad comenzó a tener nuevas necesidades de inversión. Por ejemplo, el desarrollo de infraestructura energética o de transporte. Fue justamente la sociedad de responsabilidad limitada —un innovador modelo de empresa en que se logra separar el capital de la gestión— la estructura empresarial que mejor se adaptó para servir a las necesidades de la sociedad, marcando el auge de este tipo de compañías, impulsadas por las innovaciones de la época.

El profesor Vaclav Smil sugiere incluso que la década de 1880 fue la más inventiva de nuestra historia y que sentó las bases del mundo moderno que conocemos. En esos diez años se desarrolló la electricidad —se instaló la primera central de electricidad de Thomas Edison en Londres, se instaló la primera central hidroeléctrica, se demostró la existencia de las ondas electromagnéticas— y también se creó el primer motor de combustión interna moderno. También se implementó la caja registradora, la fórmula de la Coca-Cola, la primera bicicleta funcional, el primer bolígrafo, el primer tranvía eléctrico práctico, la puerta giratoria, el ascensor eléctrico, la plancha de acero y el primer rascacielos construido de acero. Y se publicó por primera vez *The Wall Street Journal*.

Las nuevas tecnologías crearon las bases para desarrollar mayores eficiencias para servir a la gente. Ya sea movilizando las cosechas desde el interior a la costa por medio de nuevos canales o ferrocarriles, instalando la red eléctrica y las plantas de generación para dar acceso a la novedosa electricidad que cambiaba las vidas, invirtiendo en grandes plantas de producción de electrodomésticos, vestimenta o vehículos que revolucionaban el diario vivir de millones de familias. Se necesitaban grandes cantidades de capital, miles de empleados, conocimiento técnico y habilidades administrativas para orquestar la creciente complejidad de las empresas que crecían a tasas aceleradas.

Difícilmente una compañía familiar o una asociación tenían la capacidad de concentrar tanto capital. Y, de tenerlo, probablemente no hubiese estado dispuesta a correr todo el riesgo de estos proyectos. La sociedad anónima no ponía límites a la cantidad de capital que podía aunar, otorgando a las familias una oportunidad de diversificar las inversiones a las que podían destinar sus ahorros y, a los grandes proyectos, el capital para financiarse.

Conceptualmente, las compañías no son más que la coordinación de un cúmulo de capital y una jerarquía de personas. La sociedad anónima de responsabilidad limitada permitió agregar grandes cantidades de capital bajo reglas claras. Canales, ferrocarriles, navieras o grandes operaciones industriales y energéticas hubiesen sido difíciles de ejecutar si no se contase con las sociedades anónimas. Su innovación es estructurar los aportes del capital con una manera de gobernar la empresa, donde el único riesgo de los accionistas es perder sus aportaciones, a cambio del cual eligen a un consejo para que represente sus intereses, que a su vez nomina a ejecutivos que administren la compañía para producir los bienes o servicios que vende a sus clientes, generalmente en competencia con otros actores, batallando para mejorar sus productos y reducir sus costes para que la empresa sea sostenible. De esta manera, la sociedad anónima articula las necesidades de capital para invertir de forma eficiente en los nuevos proyectos que la sociedad requiere, solucionando la necesidad de inversión y la manera como se deben gobernar y administrar esos capitales.

Entre las primeras «corporaciones», según el anglicismo que define las sociedades anónimas de responsabilidad limitada, estuvieron las empresas creadas por los Parlamentos de los Países Bajos y el Reino Unido en el siglo XVII para fines específicos.

«Los directores de tales compañías —escribió Adam Smith en 1776—, al administrar el dinero de otras personas en lugar del propio, no podría esperarse que lo cuiden con la misma ansiosa vigilancia con que los asociados de una iniciativa privada frecuentemente cuidan de los suyos.» Y agregó: «Negligencia y profusión serán prevalentes en la administración de los asuntos de estas compañías». Andrew Carnegie, el gran industrialista del acero, tenía una opinión similar: «El negocio de muchos es el negocio de nadie».

Sin embargo, la Revolución Industrial, que surgió poco después de la muerte de Smith, dejó claro que ningún grupo de asociados tenía suficiente dinero para costear un canal, un ferrocarril o una generadora eléctrica. Incluso si lo tuviesen, seguro que serían reticentes a asumir tal riesgo, más aún sin poseer el conocimiento técnico para ejecutar este tipo de proyectos.

Así, durante la segunda mitad del siglo XIX los legisladores de Estados Unidos y el Reino Unido relajaron las restricciones para la creación de sociedades anónimas de responsabilidad limitada y sentaron las bases para revolucionar la escala empresarial y económica. En 1848, el hombre más rico de Estados Unidos dejó una fortuna de 20 millones de dólares y su compañía, American Fur Company, empleaba apenas a un manojo de personas. Cuando Andrew Carnegie vendió Carnegie Steel Company a J. P. Morgan en 1901 recibió 226 millones de dólares, haciéndolo el hombre más rico del mundo, mientras las múltiples empresas de acero fusionadas por J. P. Morgan empleaban a más de 250.000 personas y tenían una capitalización de mercado de 1.400 millones de dólares.[21]

La creación de los titanes empresariales vino de la mano con la organización como sociedades anónimas de responsabilidad limitada. Antes de mediados del siglo xix, la mayoría de las empresas se organizaban como asociaciones, que eran flexibles y fáciles de crear, pero cuya quiebra podía llevar a sus dueños a la prisión, pues no tenían límites en su responsabilidad. Si la empresa quebraba, todos sus dueños eran responsables personalmente, lo que generaba muchas rigideces en la propiedad, actitudes conservadoras a la hora de asumir riesgos y fuertes limitaciones en la capacidad de agregar capitales. Alternativamente, existían las llamadas *chartered corporations*, en inglés, las cuales debían ser autorizadas por el gobierno para fines específicos y gozaban de responsabilidad limitada. Estas últimas se utilizaban generalmente para financiar infraestructura o proyectos de comercio internacional. Este tipo de organización cayó en desgracia en Inglaterra tras la Ley de la Burbuja de 1720 (*Bubble Act*) tras el estigma de la catastrófica burbuja y pánico financiero de la South Sea Company.

Tras una serie de decisiones legales, durante la segunda mitad del siglo xix, Estados Unidos y otros países liberalizaron la creación de las sociedades anónimas y con ello se aceleró el progreso y la escala empresarial. Los emprendedores podían levantar grandes cantidades de capital del público y diversificar el riesgo para aventurarse en empresas impensables para bolsillos individuales. Se volvió a equilibrar el poder entre el Estado y el sector privado. En lugar de emprendedores solicitando a políticos la autorización para la creación de una *chartered company*, eran políticos cortejando a las empresas para que invirtieran en su región.

La revolución en escala organizacional de las empresas fue brutal. Los titanes de la segunda mitad del siglo xix habían creado imperios empresariales sin parangón. Rockefeller controlaba el 90 por ciento de la capacidad de refinación de petróleo. Carne-

21. Ibídem.

gie producía más acero que todo el Reino Unido. J. P. Morgan salvó a Estados Unidos dos veces del *default* de su deuda, actuando como el «hombre-banco-central».

Lo que diferenciaba a estas grandes compañías era que identificaban innovaciones capaces de revolucionar industrias, agregaban factores de producción que se encontraban distantes, muchas veces movilizando a largas distancias grandes cantidades de material e integrando actividades económicas que estaban separadas, de la producción de insumos a la venta de productos finales. Esto es lo que el profesor Chandler llamó «la mano visible» de las grandes empresas. Bajo su estructura comenzaron a organizar la economía tomando decisiones centralizadas sobre los niveles de producción, inversión y empleo, muchas veces generando relevantes eficiencias debido a la integración y coordinación de sus esfuerzos. En contraste con la mano invisible, las grandes empresas y su estructura como sociedad anónima eran capaces de embarcarse en grandes proyectos de inversión, debido a la integración vertical y horizontal de sus operaciones, además de su capacidad de aglomerar gran cantidad de capital y personas. La naturaleza de esta mano visible aceleró el auge y crecimiento de la economía y de las grandes empresas.

A comienzos del siglo xx, ante el éxito y crecimiento de las «corporaciones» se levantaron voces de preocupación en el mundo intelectual por el poder que concentraban sus gerentes. Entre los académicos que estudiaban las consecuencias de la separación de la propiedad y el control que preocupaba a Adam Smith, destacó Adolf Berle Jr., un abogado de Nueva York y profesor de Columbia, quien señaló la necesidad de balancear y limitar el poder casi absoluto de los gerentes, sugiriendo que otros actores del mercado debiesen levantar la voz, una tarea para la que los inversores institucionales estaban bien calificados. De hecho, a finales de la década de 1920, el reputado inversor Benjamin Graham, reconocido como el padre del *value investing* y mentor de Warren Buffett, inició una campaña para forzar la mano a los gerentes de la Northern Pipeline Co. argumentando que no estaban privilegiando los intereses de los accionistas. Así se hacían cada vez más relevantes las tensiones entre ejecutivos y accionistas, cuyos intereses no necesariamente coincidían.

## 2.3.2. El problema entre el principal (dueño) y el agente (gerente)

El avión privado del ejecutivo francolibanés Carlos Ghosn aterrizaba a las cuatro de la tarde en Tokio. El afamado ejecutivo iba a presidir la sesión de consejo de Nissan, la empresa que veinte años atrás había rescatado al borde de la quiebra, cuando Renault se convirtió en su accionista principal. Entre sus títulos contaba con la presidencia del consejo y dirección general de Nissan y Renault, presidencia del consejo de Mitsubishi y CEO de la alianza Renault Nissan Mitsubishi. Las tres empresas automovilísticas se unían en una enrevesada estructura que buscaba generar eficiencias entre ellas y que incluía los intereses de los Estados francés y japonés, todos ellos atados por la figura poderosa de Ghosn, gestor del auge de estas compañías.

El CEO había agendado cenar esa noche con su hija menor, quien pasó su infancia en Japón mientras su padre implementaba el agresivo plan que resucitó la compañía automovilística japonesa, haciendo honor a su apodo de *Le Cost Killer*, revitalizando la empresa y llevándose una gran fama y reconocimiento.

Pero Ghosn nunca llegó a comer. Al aterrizar fue aprehendido bajo los cargos de apropiarse de millones de dólares sin declararlos en los libros de Nissan y terminó preso en una celda japonesa de 5 por 4 metros. Tras tres meses, alicaído y pálido, con las manos esposadas, apareció por primera vez en el tribunal para alegar inocencia y cuestionar su encarcelamiento.

Después de más de un año esperando su juicio, Ghosn gestionó una escapada al estilo Hollywood para buscar refugio en el Líbano. El ejecutivo fue contrabandeado dentro de una gran caja de equipamiento musical y disfrazado para escapar de los guardias que le vigilaban. Su juicio continuó y comenzaron a aparecer evidencias que mostraban abusos y apropiaciones indebidas de quien había ejercido un poder casi supremo sobre el imperio empresarial de Renault y Nissan.

La historia de Carlos Ghosn es un caso extremo por los delitos que se le atribuyen; sin embargo, es una muestra del conflicto que se da entre los accionistas de una empresa y los gerentes a quienes se les confía su gestión.

A los protagonistas de la historia, la línea entre lo correcto y lo incorrecto no siempre se les presenta de forma clara. Los primeros deslices siempre son pequeños, justificados por ideas del tipo «Todo el mundo lo hace» o «No provocará una gran diferencia». Sin embargo, estas transgresiones se pueden volver más relevantes en la medida en que se hacen más latentes las grietas entre los intereses personales de los ejecutivos y los deberes para con los accionistas que les han confiado su patrimonio. Estas tensiones se dan generalmente de forma sutil y soterrada, por ejemplo, al privilegiar resultados de corto plazo para cumplir objetivos que devengan el pago de bonos, en desmedro de la rentabilidad a largo plazo de la compañía. O al comprometer recursos de la compañía en iniciativas que no le competen pero que pueden acrecentar reputaciones personales.

En ese contexto, hay que entender la evolución de las figuras de los gerentes, de los miembros de la dirección y de los representantes de los accionistas, cuyas interacciones han tomado distintas formas. Los conflictos entre unos y otros, por ejemplo, en campañas públicas de inversores criticando a gerentes u ofertas hostiles para hacerse con el control de una empresa son formas de equilibrio entre agentes que deben manejar conflictos de intereses y, de paso, ayudan a promover la creación de valor a largo plazo.

Las investigaciones del profesor Michael Jensen y William Meckling comenzaron a articular formalmente en la academia el concepto de asimetrías de interés entre accionistas y ejecutivos. Estos dos economistas pusieron a prueba, aplicando rigurosos métodos analíticos, los argumentos de Milton Friedman presentados en el famoso ensayo de 1970 sobre los conflictos entre ejecutivos y accionistas. Su conclusión fue que, efectivamente, la competencia entre «corporaciones» no garantizaba necesariamente resultados óptimos, debido a que los gerentes tenían sus propios motivos e intereses. Así confirmaban lo que Friedman había descrito como el problema del principal (dueño) y del agente (gerente) en el mundo empresarial, donde los agentes siempre tenían responsabilidades o intereses más allá de servir aquellos del principal o dueño.

Frente a esto, Jensen y Meckling fueron proactivos al comenzar a explorar los incentivos de los gerentes y definieron los «costes de agencia», explicados por el valor extraído a los dueños por ejecutivos que persiguen sus intereses personales. Propusieron una manera de reducir tales costes de agencia sin necesidad de intervención estatal, utilizando la eficiencia del mercado. Sentaron las bases para las compensaciones basadas en acciones, por medio de las cuales los intereses de los gerentes, ahora también accionistas, se alinearían más eficientemente con los de los propietarios de la empresa. Las propuestas de Jensen y Meckling fueron el cimiento para que las compensaciones con acciones se extendieran en el mundo empresarial, y son actualmente la manera más habitual de compensar a equipos de gerencia.

«Muéstrame los incentivos y te mostraré el resultado», dijo Charlie Munger, socio de Warren Buffett, el inversor estadounidense. De esta manera, los gerentes tenían una fuerte propensión a incrementar el valor de la acción, lo que, por medio de la eficiencia del mercado, creaba un mejor alineamiento con sus accionistas.

Los paquetes de compensación con acciones generalmente contaban con un fuerte apoyo de los inversores en los votos de las juntas de accionistas. Sin embargo, muchos de los inversores institucionales han comenzado a rebelarse contra las compensaciones de equipos de dirección. En 2022, el fondo soberano de Noruega, el más grande del mundo, con más de un billón[22] de dólares en activos, con posiciones aproximadas del 1,5 por ciento de todas las compañías del mundo, rechazó la propuesta de compensación del CEO de Intel, Apple, IBM, General Electric y Harley Davidson, entre otros. Su CEO, Nicolai Tangen, quien dejó su

---

22. Un millón de millones, *trillion* en inglés.

exitoso *hedge fund* para gestionar los fondos de su país, expresó su frustración contra lo que llamó la avaricia corporativa, donde compañías con pocos resultados siguen aumentando los salarios de gerentes que no estarían haciendo su trabajo. «Si los accionistas no son más estrictos en cómo votan en las juntas de accionistas, este fenómeno simplemente continuará», indicó. Tangen agrega que no tiene problemas con grandes remuneraciones, pero explica que éstas deben venir de la mano de excelentes resultados y estar alineadas con la creación de valor a largo plazo, además de ser simples y transparentes. Esta tendencia a influir directamente sobre consejeros y gerentes se ha incrementado. De hecho, en 2022, Coca-Cola casi no consiguió los votos necesarios para aprobar la compensación de su gerente general, y el apoyo de los accionistas al paquete de compensación de los principales gerentes de Accenture cayó de 90 a 53 por ciento en un año.

Por otro lado, ha comenzado una tendencia a integrar indicadores ESG entre los objetivos de gestión que liberan pagos a gerentes, entrelazando la fuerza de incentivos monetarios con compromisos de sostenibilidad de la empresa. Sin embargo, la complejidad de implementar tales medidas también ha generado debates, pues cuando se mide parcialmente o incorrectamente se pueden crear las bases para empujar a estos gigantes en una dirección incorrecta.

### 2.3.3. ¿Por qué lo hacen?

Los delitos de cuello blanco representan una arista interesante de los problemas de la empresa. La captura de compañías por parte de sus gerentes es una constante preocupación entre los accionistas, ya que la línea entre maximizar resultados y apropiarse de recursos no siempre se presenta a sus protagonistas de forma nítida. En ese espectro están las comodidades ejecutivas, viajes, comidas, entre muchas otras cosas, que sin duda no son delitos, pero que cuando son excesivas pueden ser señales de preocupación. Sin embargo, analizar los casos extremos para identificar cuándo se cruza la delimitación de la ley trae interesantes lecciones sobre cómo la disciplina, la autoconciencia y la diligencia pueden debilitarse en ciertos entornos y circunstancias.

Es difícil entender por qué ejecutivos exitosos exponen todo lo que han conseguido desde el pináculo del éxito por un poco más de éxito (dinero). Atenta directamente contra la máxima de Warren Buffett de nunca arriesgar lo que tienes y necesitas por aquello que no tienes y que no necesitas.

Entonces, ¿por qué lo hacen? Éste fue el interrogante que se planteó Eugene Soltes, profesor de la Escuela de Negocios de Harvard, cuando comenzó un estudio sobre el tema. Y lo primero que hizo fue enviar cartas con detalladas preguntas a los más famosos convictos de crímenes de cuello blanco en Estados Unidos.

Al pasar las semanas, para sorpresa de Soltes, llegaron las respuestas e invitaciones a conversar de los convictos. Así empezaba un proceso que culminaría en el libro *Why They Do It: Inside the Mind of the White-Collar Criminal*, que comienza con un breve relato histórico de la criminalización de los llamados delitos de cuello blanco en el siglo xx. Complementa con la compilación de las distintas teorías que intentan explicar la motivación, y culmina con su testimonio y conclusiones de las conversaciones —en ocasiones bastante personales— con los casi cincuenta ejecutivos en prisión, entre los que se encontraban los protagonistas de escándalos como Enron, Tyco y hasta el mismísimo Bernie Madoff, quien armó la martingala piramidal de Ponzi más grande de la historia por casi 65.000 millones de dólares.

A principios del siglo xx, cuenta Soltes, nada era más respetado que el hombre de negocios. Sin embargo, a partir del cambio de paradigma de los años treinta, la opinión popular comenzó a dar un drástico y acelerado giro.

Tras la gran depresión del siglo pasado, el presidente Roosevelt habló de «codicia inescrupulosa» y de «príncipes privilegiados». En los sesenta, la Administración del presidente Kennedy, de forma inédita, encarceló a siete ejecutivos por una escandalosa colusión. En los setenta, Watergate reveló aportaciones ilegales de empresas en la campaña de Nixon y —a su vez— múltiples prácticas ilícitas. El epítome fue en 1975, con el salto al vacío desde la oficina en el piso 44 de Eli Black, popular CEO de United Brands (Chiquita), acusado de millonarios sobornos a presidentes centroamericanos, desvelando su desfalco tras haber sido reconocido como el líder de la transformación de la compañía con la mayor conciencia social del hemisferio.

En los ochenta y noventa, aparecían cómics de ejecutivos perversos. El FBI dedicaba un cuarto de su presupuesto a este tipo de crímenes. Rudy Giuliani, fiscal y luego alcalde de Nueva York, vivía sus mejores años empujando a sus sospechosos corporativos al patíbulo de cámaras y periodistas antes de llevarlos a la justicia.

La presunción de inocencia de ejecutivos y empresarios se debilitaba, mientras la caricatura de empresarios perversos y codiciosos tomaba cada vez más fuerza. Poco a poco se los pasaba a describir tan fríos como tiburones, que habrían calculado y decidido desfalcar al público, contrarrestando la probabilidad de ser sorprendidos, la magnitud de la sanción y el beneficio de sus fechorías, como diría el economista Gary Becker y luego aseveraría Preet Bharara, el temido exfiscal del distrito sur de Nueva York. Todos serían Raskolnikov, pero sin remordimientos de conciencia.

Soltes, por el contrario, sugiere que la realidad es algo más compleja. A la hora de explicar por qué lo hacen, propone que la dinámica de la corrupción es más sutil de lo que parece cuando sólo vemos el final de la película. Descompone las aristas del crimen de cuello blanco a través de impactantes testimonios y casos inverosímiles, como el director de McKinsey Global entregando información privilegiada de sus clientes a un *hedge fund*, casi sin recompensa monetaria alguna.

«Desgraciadamente, el mundo no es blanco y negro. Y los grandes ejecutivos, empujados por los resultados exigidos por sus accionistas, pasan la mayor parte de sus vidas en esa área gris, y ése puede ser un lugar peligroso y difícil», afirma un ejecutivo sentenciado a siete años de cárcel por adelantar la fecha de contratos de venta con el propósito de llegar a los objetivos financieros trimestrales.

El autor identifica una consistente falta de reconocimiento de las consecuencias de esta forma de actuar: «Nunca sentí estar haciendo nada malo». Esta miopía se explicaría, según Soltes, por la distancia que la empresa moderna ha impuesto entre sus líderes y el resto de la sociedad, haciendo, en ocasiones, de la intuición una mala consejera. Pues la falta de intimidad y de humanidad en entelequias como «el mercado» o «los consumidores» erosiona la guía moral que generalmente alimenta lo que dicta el estómago.

Para Soltes, éstas son historias de personas en encrucijadas complejas que, confiadas en una intuición equivocada, cometen un error trágico que los termina acorralando y hundiendo en situaciones inimaginables. Una vez atrapados, una racionalización de las circunstancias sostiene su realidad. Jonathan Haidt, profesor de la Universidad de Nueva York, asimila esta forma de razonar con el de un abogado defendiendo a su cliente: dedicado a construir un caso para justificar los hechos. He ahí una de las ilusiones cognitivas que ayudan a mantenerse durante años sumergidos como si nada sucediera.

Entender la naturaleza de la corrupción, que aparece y destruye casi sin aviso, nos deja en mejor disposición para luchar en su contra. Vale la pena leer el libro de Soltes, ya que releva el valor de la humildad, de saber cuándo dudar de nosotros mismos y contrastar con otros. Esta humildad nos permite entender que no siempre podremos reconocer nuestras malas elecciones, y que ejercitándola estaremos más protegidos para identificar y controlar esas decisiones.

«Es fácil decir que uno nunca cruzará la línea, pero la verdad es que la línea se le presenta a muy muy poca gente», decía uno de los ejecutivos desde la cárcel. Los seres humanos no somos omniscientes ni invencibles. Y, al entenderlo, nos fortalecemos.

En la decisión de cada empresa de la definición de su rol y sentido empresarial nuevamente se presentan costes de agencia entre ejecutivos, directivos y accionistas. El gobierno corporativo de la sociedad anónima no establece quién ni cómo se debe definir explícitamente el rol y sentido de la empresa. Esta decisión, bregada bajo intereses personales de ejecutivos, consejeros y representantes de accionistas, puede estar sujeta a graves costes de agencia, los mismos que pueden llegar a generar la corrupción empresarial. El caso del *greenwashing* de DWS, mencionado anteriormente en este libro, que terminó con el despido de su gerente general, es un ejemplo de cómo los costes de agencia asociados al rol de la empresa pueden llegar al engaño y corrupción. Debemos ser cuidadosos ante estos conflictos de intereses que pueden afectar una decisión fundamental y bajo la cual son más difíciles de demostrar abusos o desfalcos.

La supervisión entre los distintos niveles del gobierno corporativos —consejo de administración con los ejecutivos, representantes de los accionistas con el consejo y de accionistas últimos con sus administradores de fondos— es relevante, pero muchas veces se enfrentará a dificultades o será impracticable.

Por ello, la competencia entre las diversas propuestas del rol empresarial es la mejor manera de limitar los efectos nocivos de estos conflictos de intereses. Aquellas empresas que no logren controlar sus costes de agencia simplemente serán desplazadas por otras que sepan proteger la creación de valor a largo plazo, protegiendo de paso que el papel del sistema empresarial no sea capturado por intereses individuales.

Pero, antes de entrar en las virtudes y defectos de las diferentes formas del rol empresarial, es importante entender cómo el tipo de propietario afecta a su gobierno corporativo, y el tipo de costes de agencia, a las compañías.

## 2.4. La clave del progreso: asignación de capital

Una de las condiciones necesarias para el progreso es una correcta asignación del capital. Éste no es más que el ahorro de las personas, quienes deciden postergar el uso de sus recursos para consumirlos en el futuro.

Cuando el capital fluye hacia inversiones que la gente necesita se crea valor no sólo para los inversores mediante sus beneficios, sino también para la sociedad, pues el producto de esas inversiones cubre las necesidades existentes. Además, es uno de los mecanismos fundamentales de la creación destructiva. No se puede crear sin invertir en los proyectos adecuados.

Se invierte en un nuevo edificio cuando hay familias que carecen de una vivienda, en una nueva avenida cuando las calles no dan abasto con el tráfico, en una nueva planta de producción cuando la demanda de sus productos sigue creciendo, en una central de generación eléctrica cuando aumenta el consumo de energía. Las inversiones de las empresas automovilísticas desplazaron a carruajes y las de infraestructura eléctrica dejaron obsoleta la necesidad de lámparas de gas y las velas.

Por supuesto, cuando se construyen edificios que nadie usa, caminos por los que nadie circula, plantas que producen poco o generadoras detenidas, se dilapidan recursos que, de otro modo, pudieron haber servido a la sociedad. Asimismo se malgastan recursos cuando se invierte en productos novedosos pero que no dejan ganancias, pues la sociedad no los valora como para pagar el coste de producirlos. En el mecanismo de asignación de capital, la sociedad se juega su capacidad de suplir de mejor manera sus necesidades futuras y cómo se define la creación destructiva del sistema económico.

En economías centralmente planificadas es el Estado quien define en qué se invierte, mientras en economías de mercado es el mercado de capitales y el sistema empresarial quienes se llevan gran parte del rol de asignar los capitales, y para ello usan las señales de precios, las cuales reflejan la escasez en la economía. Cuando hay carencias, los precios suben, señalando la necesidad de suplir una necesidad. Por el contrario, cuando caen, señalan que no es preciso asignar capital a esas áreas, pues las necesidades ya están en gran medida satisfechas.

Para que esto funcione, es esencial contar con un sistema empresarial sano y un mercado de capitales fluido. Por un lado, las empresas toman decisiones de inversión constantemente: en plantas de producción, en investigaciones para innovar, en desarrollar nuevos productos, en sus personas. Los recursos de las empresas son limitados y en estas decisiones se juegan su futuro. Los balances de las compañías no aguantan una sucesión de malas decisiones de inversión. Cuando caen en estos errores, sus deudas aumentan mientras su generación de beneficios decae o, peor aún, se comienza a incurrir en pérdidas.

Por otro lado, el mercado de capitales es el ecosistema que administra los ahorros de la sociedad. Su función es llevarlos a aquellos fines que mejor les retribuirán, por ejemplo, pagando mejores pensiones en el futuro.

La imagen más simple del mercado de capitales es el financiamiento bancario. Las personas guardan su dinero en cuentas de ahorro, las cuales sufragan los préstamos que los bancos realizan para financiar, por ejemplo, proyectos de empresas o créditos hipotecarios. Sin embargo, este ecosistema se ha vuelto mucho más complejo. Además de bancos, hay fondos de pensiones, compañías de seguros, *endowments* universitarios, *family offices*, administradoras de fondos, ya sea de fondos mutuos, de fondos pasivos o indexados, fondos de *private equity* o capital privado, *hedge funds*. En fin, un variopinto grupo cuyo objetivo es rentabilizar los ahorros y, de paso, cobrar comisiones por sus servicios.

Esta evolución del mercado de capitales, con un gran crecimiento de los administradores de esos recursos, ha tenido profundas consecuencias en el rol y sentido empresariales. Su tamaño ha influido en cómo las empresas definen su papel, pues el tipo de propietario afecta a su gobierno corporativo, bajo el cual se define quién y cómo se toman las decisiones fundamentales de la empresa.

Finalmente, la amenaza de «estupidización» del sistema empresarial ante el pánico a caer dentro de lo políticamente incorrecto también ha afectado al mercado de capitales. Aquellos que administran fondos viven de su reputación, de otro modo difícilmente la gente les entrega sus ahorros. El pánico de aparecer como el malo de la película es un fenómeno que amenaza el buen funcionamiento del mercado de capitales, otro de los mecanismos fundamentales para el progreso de la sociedad.

## 2.4.1. Rompiendo empresas

A mediados de 2022, Larry Culp, CEO de General Electric (GE), anunció que partiría su compañía en tres empresas independientes. El centenario gigante industrial, creado bajo el alero de Thomas Edison y su bombilla, formado bajo la astucia financiera del banquero J. P. Morgan, fue la empresa más valiosa del mundo durante décadas.

Fue en 2001 cuando Jack Welch, el «gerente del siglo», dejaba «la empresa más respetada del mundo», según el *Financial Times*. En sus veinte años de liderazgo había incrementado en cuarenta veces su valor. GE producía desde turbinas de avión hasta electrodomésticos, operaba desde canales de televisión hasta una gran cartera de seguros y créditos.

General Electric fue el epítome del conglomerado industrial. Trabajaba bajo la máxima de que podía administrar cualquier negocio mejor que nadie. De sus filas salían gerentes estrellas a liderar otras compañías. GE era un sello de excelencia. Sus centros de investigación mejoraron millones de vidas a lo largo del siglo xx y forjaron gran parte de la vida moderna. Su «escuela» era comparable a un MBA en las mejores casas de estudio estadounidenses.

Pero desde 2001, Jeff Immelt, el CEO que bregó bajo la sombra de Welch, desmanteló parte de las operaciones al ver las grietas del conglomerado, exacerbadas especialmente por la crisis financiera de 2008. Bien lo describe en su libro *Hot Seat* (2021). En 2018, el índice Dow Jones vio partir a GE, la última acción que se había mantenido desde su creación en 1896. Tras el anuncio de Larry Culp, primer CEO externo de su historia, General Electric sólo producirá motores para aviones con ventas de casi un décimo de su máximo histórico y con un valor nimio frente a Google, Amazon o Tesla. «Soluciones diferentes para negocios diferentes en tiempos diferentes», explicó Culp.

Estamos viviendo un momento de inflexión para muchas de las grandes empresas industriales que durante décadas empujaron el crecimiento, la tecnología y el progreso. El paradigma de *bigger is better* pareciera haberse acabado. Ahora los inversores premian el hecho de focalizarse y la especialización. La escala y complejidad jugaron en contra de General Electric. Son los argumentos de Trian, fondo de inversiones de Nelson Peltz, quien venía presionando desde hacía años a GE para que realizara esta operación.

Estos reordenamientos de las grandes empresas en las demandas de mayor especialización traen aparejado un cambio en la estructura de propiedad de las operaciones que se separan y, con ello, cambian sus gobiernos corporativos, afectando a quién y cómo se decide el rol y sentido empresarial. A su vez, dar independencia a las divisiones facilita su habilidad de definir un propósito claro. En los conglomerados es difícil definir un papel específico cuando sus actividades comprenden un variopinto número de funciones incongruentes entre sí.

«Las sinergias no traen crecimiento, el foco lo hace», dijo el CEO de Siemens, principal competidor alemán, que lleva años simplificando y especializando sus negocios. Una tendencia a la que ABB, el gran conglomerado suizo, se ha subido a fuerza de ataques de inversores activistas. Toshiba, principal conglomerado japonés, levantó la bandera blanca frente a Elliot, uno de los más temidos inversores, y anunció planes para dividirse en tres compañías o acceder a entregarse al mejor postor entre los grandes fondos de *private equity* que quieren hacerse con el control de la empresa.

Históricamente, la existencia de grandes conglomerados se ha explicado por múltiples razones: 1) menores costes de capital debido a su expedito acceso al mercado de capitales; 2) ventajas competitivas por sus técnicas administrativas y atracción de talento; 3) ventajas por su gran escala que permitían embarcarse en ambiciosos proyectos, ya sea de investigación o de inversiones, además de proveer plataformas para operar globalmente.

Era «la mano visible» de las grandes empresas, como la definió el profesor Alfred D. Chandler Jr., la que articulaba recursos y proyectos dentro de múltiples sectores industriales, en lugar de la mano invisible del mercado coordinando múltiples agentes. Notablemente, la asignación de capital dentro de las divisiones de estos gigantescos conglomerados no se definía en función del mercado de capitales, sino que fluía de acuerdo con las decisiones de los gerentes de la empresa, quienes asignaban prioridades y recursos entre las múltiples iniciativas que compiten por los recursos.

Este mecanismo de decisión centralizada puede ser aceptable bajo ciertas condiciones, especialmente cuando el grado de competencia es escaso; sin embargo, queda sujeto a errores e ineficiencias que pueden solaparse bajo el gran paraguas del conglomerado. Se puede invertir en negocios de baja rentabilidad, mantener operaciones poco rentables más allá de su sostenibilidad individual o gastar recursos en proyectos desconectados de su aplicación directa en el mercado. Además, se le suma el riesgo de hacer de su asignación de capitales una ficha más en los equilibrios de poder entre los rangos ejecutivos, al contar con una capa más de separación con los propietarios últimos, incrementando así el riesgo de costes de agencia. Estos errores eran lujos que los grandes conglomerados podían permitirse, pero inevitablemente el tiempo trae el límite de lo posible.

El profesor Michael Jensen argumentaba en 1980 que el problema de los gerentes corporativos era que tendían a invertir en exceso en sus empresas, a construir compañías más grandes de lo apropiado, debido a que este crecimiento también acrecentaba sus egos y salarios. Así, muchos de estos gigantes empresariales comenzaron a hundirse en la creciente complejidad organizacional donde la responsabilidad, la información y la toma de decisiones comenzaron a diluirse, creando las bases para decisiones tardías y erradas, generando vulnerabilidades y pérdidas de competitividad, erosionando de paso la rentabilidad de su capital, con caídas de los dividendos y presiones a la baja en los precios de sus acciones.

El principio de entropía, definido por la segunda ley de la termodinámica, define que todos los sistemas cerrados pierden energía, por ello requieren un empuje continuo de energía externa para subsistir. De forma análoga, a medida que los gigantes empresariales crecen, mayor es la necesidad de renovar energías por parte de los gerentes simplemente para que sus compañías subsistan. Muchas veces las gerencias de las grandes compañías terminan drenadas sólo por los esfuerzos de administrar problemas internos en detrimento de sus clientes, de la mejora de sus productos o de responder a las amenazas de sus competidores.

De esta manera, el mercado ha sido capaz de regular algunos de los problemas en la administración de las empresas. Al caer el valor de las acciones de las compañías con resultados mediocres, éstas se ven expuestas a ofertas de compra, amistosas u hostiles, en las que otras empresas o inversores se hacen con su control, cambiando a gerentes y consejos.

Bajo este mecanismo se gestó un mercado por el control empresarial, definiendo el precio por el derecho a manejar una compañía. En la medida en que la base accionaria de las compañías estaba más atomizada, es decir, no había un dueño claro, más susceptibles resultaban las empresas a ser capturadas por sus gerentes, a sufrir los costes de agencia, pero también más vulnerables a ser sujeto de ofertas hostiles, pues sus accionistas gratamente podían vender sus posiciones cuando alguien ofrecía un buen precio por ellas. La experiencia comenzó a mostrar que para hacerse con el control de una empresa habría que pagar aproximadamente un 30 por ciento sobre su valor de mercado. Al controlar una empresa, su nuevo accionista puede redefinir el funcionamiento de su gobierno corporativo, afectando a decisiones fundamentales, entre ellas la definición de su rol y sentido empresariales.

Tales situaciones sucedían con las empresas listadas de pequeña y mediana escala. Pero aún no existían inversores respaldados y con acceso a financiamiento que pudiesen firmar cheques para hacerse con el control de las grandes empresas. Sin embargo, en el Wall Street de los años ochenta se comenzó a implementar una serie de innovaciones financieras, entre ellas la creación de los llamados bonos basura —*junk bonds*—, contratos de deuda que pagaban intereses altos, dado el riesgo que implicaba la empresa y su balance. Tal creación fue obra del genio de Michael Milken, quien demostró que una cartera de bonos más arriesgados podía entregar mayores beneficios que los bonos más seguros. Es decir, las mayores tasas de interés que entregaban compensaban la porción de bonos que simplemente no se pagaban o se renegociaban, creando un nuevo mercado de financiamiento para apuestas más arriesgadas.

Los bonos basura fueron una herramienta perfecta para los inversores avezados que deseaban asumir el control de empresas cuyos gerentes parecían demasiado cómodos o gastaban demasiado, haciendo la vista gorda al potencial de rentabilidad de las compañías que les habían confiado. Así se sentaron las bases para el *boom* de la industria de fondos de capital privado como KKR, Carlyle o Blackstone.

La receta de estos inversores era clara. Hacerse con el control de empresas, bajo la tesis de que eran administradas de manera ineficiente. Financiar la compra con una gran cantidad de deuda, lo que creaba fuertes presiones para conseguir las mejoras anheladas. El cambio de control y el alto endeudamiento creaban circunstancias equivalentes a una crisis. Así se forzaban los cambios necesarios pero resistidos por la inercia del *statu quo*. Cambiaban ejecutivos pocos acostumbrados a tales presiones y en su lugar llegaban ambiciosos gerentes con paquetes de compensación alineados con la venta de la empresa al cabo de unos años, cuando la redefinición de su estrategia, reducción de costes, mejoras en la productividad y consiguiente expansión de ganancias hubieran sido conseguidas. La fórmula de los *leverage buyouts* resolvía gran parte del problema de agencia que Michael Jensen había descrito en sus teorías, imponiendo la voluntad de un accionista controlador al alinear fuertemente los incentivos de los gerentes con la transformación perentoria de sus empresas.

Si bien el auge de los fondos administrados por estos inversores ha sido inmenso, su trayectoria no está exenta de controversias. Muchos de los planes de transformación implicaron despidos masivos, cierre de plantas, separación de empresas en partes, ventas de subsidiarias y otras decisiones drásticas que se ganaron la discordia popular. Además, algunos casos no fueron exitosos, llevando a la quiebra a las empresas. Estas transacciones, cada vez más visibles, alimentaron la imagen de una codicia inescrupulosa en el mercado de capitales y en el sistema empresarial.

En 1989, la compra hostil del conglomerado de alimentos y tabaco RJR Nabisco marcó un récord cuando, tras una álgida batalla por su control, KKR firmó un cheque de aproximadamente 25.000 millones de dólares. El libro *Barbarians at the Gate: The Fall of RJR Nabisco* (1989) es una alucinante crónica de cómo se gestó esta emblemática transacción.

En la medida en que las agresivas ofertas hostiles comenzaron a ser cada vez más prevalentes y visibles, su conveniencia llegó incluso a ser debatida en los salones de Washington. En el albor de su auge, el secretario del Tesoro del presidente Reagan, Donald Regan, zanjó la controversia al declarar que estos nuevos bárbaros de Wall Street eran beneficiosos, al ser uno de los pocos contrapesos del poder de las gerencias de las grandes empresas, cuyos esfuerzos podían desencadenar mayores eficiencias, beneficiosas finalmente para los consumidores.

Al mismo tiempo, comenzaron a darse los *management buyouts*, esquemas en que los mismos gerentes se asociaban a estos inversores para comprar las acciones de sus empresas y generar un plan de transformación, lo que no estaba exento de fuertes conflictos de intereses con los accionistas involucrados, pues se mezclaban las responsabilidades fiduciarias como gerentes con sus intereses personales como compradores de la empresa.

Esta innovación del mercado de capitales, los *leverage buyouts*, era una versión más de la creación destructiva, que transformaba empresas aquejadas por costes de agencia liberando recursos y creando valor, pero también generaba desplazados que levantaban su voz en el debate político, atacando su reputación y legitimidad.

### 2.4.2. Evolución en la administración de capitales: capitalismo del capital

También presenciamos otro fenómeno que sentó las bases para la concentración del capital financiero, capturando relevantes cuotas de poder e influencia sobre las grandes empresas. El desarrollo de fondos de pensiones y el crecimiento de los administradores de fondos centralizaron a los representantes de los ahorros de la gente. Los tres principales administradores de fondos, BlackRock, Vanguard y State Street, son los accionistas más importantes de la mayoría de las grandes compañías estadounidenses. Sus exigencias pueden sentar prioridades en una porción relevante del sistema empresarial. Esta concentración de poder puede arriesgar la diversidad de definiciones sobre el rol y sentido de las compañías.

El auge de estos fondos de capitales privados se debe al balance de la cartera de los inversores institucionales, éstos son fondos de pensiones, administradoras de seguros de vida, *endowments* de universidades, fondos soberanos y *family offices* de familias con grandes fortunas. Su función principal es invertir sus activos para cumplir con sus obligaciones futuras. Por ejemplo, a los fondos de pensiones corresponde financiar las pensiones de millones de personas que hacen aportaciones recurrentes a lo largo de sus vidas.

La decisión principal de estos inversores es optimizar su cartera de inversiones, es decir, la asignación de sus miles de millones de dólares en distintos tipos de instrumentos financieros: acciones de empresas, bonos corporativos, bonos de gobiernos, bonos para el financiamiento de hipotecas o de otros fines, aportaciones a fondos de capital privado e inversiones directas en activos reales como inmuebles o activos de infraestructura (carreteras, sanitarias, redes de transmisión eléctrica). Cuando estos grandes inversores deciden volver a equilibrar sus posiciones, son capaces de crear profundos cambios en el mercado de capitales; por ello, se les conoce como las ballenas de Wall Street.

En las últimas décadas, estos inversores han asignado una creciente cantidad de capital a los fondos de *private equity*, llevando sus activos a más de 10 billones de dólares, una cifra que equivale a un décimo del valor estimado del patrimonio de todas las empresas con acciones listadas en bolsas y cerca de un 2,5 por ciento de las estimaciones del total de activos financieros del planeta.

Estos inversores institucionales seleccionan a distintos administradores para que manejen sus capitales a cambio de comisiones. Su función principal es arbitrar entre las oportunidades que otorga el mercado ajustándolas al riesgo que presentan. La creciente inversión en fondos de capital privado refleja las mayores oportunidades que han aparecido de cambiar la propiedad de una empresa y con ello su gobierno corporativo. El crecimiento y éxito de los *private equity* ha dejado en evidencia la necesidad de contrapesar las ineficiencias en el gobierno corporativo de múltiples compañías, cuyos gerentes —por distintas razones— no han sido capaces de llevar sus empresas a su máximo potencial, confirmando la tesis de Michael Jensen.

Por otro lado, estos mismos inversores institucionales invierten en otros administradores de capitales, como *hedge funds*, fondos de *venture capital* especializados en la inversión de arriesgadas *start-ups*, fondos mutuos y también en agresivos inversores activistas que provocan cambios en la administración de las compañías levantando críticas públicas por la gestión de sus gerentes. Las diferentes formas de gobernar estos capitales influyen en las operaciones de empresas y pueden afectar a los costes de agencia que las aquejan.

En esta dinámica reside una de las virtudes principales de un mercado de capitales libre y abierto. En lugar de definir *a priori* a los ganadores, permite que emerjan de la variedad de opciones en la competencia entre alternativas que se equilibran entre ellas. Cuanto más eficientes son las empresas listadas, menos oportunidades de beneficios excepcionales para los fondos de capital privado que buscan hacerse con su control. Y, a mayor amenaza de ofertas hostiles contra una empresa listada, mayor es el cuidado que guardaría el equipo ejecutivo a sus resultados operacionales.

Para el profesor de finanzas del MIT Andrew Lo, el mercado de capitales sigue una dinámica evolutiva, equivalente a la de organismos vivos, donde los distintos administradores se adaptan a las condiciones de mercado para obtener sus rentabilidades. Sin embargo, las circunstancias del mundo van cambiando constantemente. Algunos administradores simplemente desaparecen, otros se adaptan, replican recetas de éxito y crecen, capturando las nuevas oportunidades y generando las eficiencias de llevar el capital hacia donde mejor rendirá. En su libro *Adaptive Markets* (2017), hay incontables ejemplos de estas evoluciones y el contraste de su mirada con otras concepciones de la eficiencia del mercado de capitales.

Sin embargo, no todos los administradores de capitales son tan activos. Curiosamente han sido los fondos de administración «pasiva» quienes más han crecido, cuyas estrategias, a pesar de ser «pasivas», no han sido ajenas a controversias. Estos fondos simplemente siguen un índice compuesto por varias acciones de empresas, en lugar de manejar «activamente» sus carteras.

En el Congreso de Estados Unidos se ha debatido si Black-Rock, Vanguard y State Street, los tres principales administradores de fondos globales, debiesen votar en las juntas de accionistas de las grandes empresas. Con sus más de 20 billones de dólares de activos en administración, estas tres compañías de inversiones han pasado a ser los principales accionistas de las empresas estadounidenses.

Este ingente capital conlleva un gran poder en las juntas de accionistas de las compañías. Estas reuniones se han vuelto cada vez más controvertidas, definiendo en sus votaciones, por ejemplo, políticas de diversidad, compromisos ambientales y las remuneraciones de los CEO. Amazon y Johnson & Johnson han sido obligadas a realizar auditorías a sus políticas de diversidad racial, a ExxonMobil le han impuesto un mayor compromiso de reducción de emisiones y a los gerentes de Intel les rechazaron su paquete de compensación por considerarlo excesivo.

El crecimiento de los capitales y del poder de BlackRock, Vanguard y State Street viene de sus fondos pasivos, aquellos que simplemente siguen un índice como el S&P 500 o el Dow Jones, sin buscar ganarle al mercado y cobrando una fracción de las comisiones de los administradores activos, cuyos costosos equipos de inversión intentan seleccionar acciones ganadoras. A su vez, los fondos pasivos gozan de economías de escala: cuanto más crecen, menores comisiones pueden cobrar sin encontrarse con el problema de buscar oportunidades para invertir las aportaciones adicionales.

El origen de los fondos pasivos proviene de la hipótesis del mercado eficiente, propuesta por dos grandes economistas, Paul Samuelson y Eugene Fama. Ambos plantean que los cambios en los precios de los activos no son predecibles, bajo el principio de que el precio de las acciones contiene toda la información disponible en ese momento; por ello, su comportamiento pasado no podría predecir su comportamiento futuro. Desde su perspectiva, sería imposible ganarle consistentemente al mercado eligiendo acciones ganadoras. Eugene F. Fama, profesor de finanzas de la Universidad de Chicago, basó su propuesta en demostraciones estadísticas, en las que equipara la conducta de las acciones con la forma de caminar de un borracho, donde resulta imposible predecir hacia donde dará su próximo paso.

En 1974, John Clifton «Jack» Bogle fundó The Vanguard Group influenciado por las ideas de Paul Samuelson, creando el primer fondo pasivo que simplemente seguía el indicador de la bolsa y sentando las bases para la revolución de los fondos pasivos que vendría. Más vale seguir humildemente al promedio del mercado accionario pagando las menores comisiones posibles. En lugar de buscar la aguja en el pajar, mejor comprar el pajar completo y ahorrarse pagar por el infructuoso esfuerzo, recomendaba Bogle.

En 2008, Warren Buffett apostó un millón de dólares al fundador de un *hedge fund*, jugándosela a que al cabo de diez años los *hedge funds* no le ganarían al índice del S&P 500, que es simplemente el promedio de acciones que representan el 80 por ciento del valor de la Bolsa de Nueva York. Buffett ganó la apuesta y con él también lo hicieron múltiples inversores institucionales que han reenfocado su capital hacia fondos pasivos, reordenando el mundo de inversiones.

El problema, indican algunos, es que BlackRock, Vanguard y State Street no buscan que las empresas aumenten sus beneficios, pues simplemente persiguen un índice mientras ejercen un gran poder en las votaciones de las juntas de accionistas. De hecho, la concentración de la administración de capitales ha creado problemas. Antes los principales accionistas de las grandes empresas eran personas comunes y corrientes, las cuales seguían de cerca las decisiones, las operaciones y los resultados de las compañías, a la espera de sus dividendos y al cuidado de sus ahorros. Actualmente, gran parte de los ahorros de las personas se invierten en fondos mutuos o fondos pasivos, creando una separación adicional entre los ahorros de las personas y las operaciones de las empresas con sus respectivos beneficios financieros.

El mercado de capitales y su sofisticada evolución han sido capaces de corregir parte de los costes de agencia que aquejan a las empresas. Sus distintos agentes afectan a la manera en que se toman las decisiones fundamentales de las compañías. Sin embargo, estos administradores de capitales acarrean sus propios conflictos de intereses, pues son otro eslabón, con sus propios intereses —sus comisiones—, entre la gente y las operaciones de las empresas.

### 2.4.3. Larry Fink y su propósito

El CEO de la empresa de gestión de inversiones estadounidense BlackRock, Larry Fink, se ha posicionado como gurú del propósito empresarial promoviendo un capitalismo de *stakeholders*, convirtiéndose en referente de las tendencias ESG (medioambientales, sociales y de gobierno) y haciendo un fuerte llamamiento a que las empresas se definan un propósito. La influencia de sus cartas anuales a gerentes generales ha marcado el debate global sobre el rol empresarial, envalentonando las voces que demandan de las empresas mayores compromisos y generando de paso detractores en ciertos círculos, que lo acusan de instrumentalizar la discusión del sentido empresarial para capturar más fondos sostenibles y las mayores comisiones que traen asociadas.

En 2019, la carta anual de Larry Fink a gerentes generales puso el dedo en la llaga y generó un profundo debate sobre el rol empresarial. Titulada «Profit & Purpose» [Lucro y propósito], describía un preocupante diagnóstico social, con altos niveles de frustración, bajos salarios, ira popular, nacionalismos y xenofobia. Relataba su preocupación por las disfunciones políticas en las principales democracias, que habrían exacerbado la frustración pública.

Ante las crecientes demandas de la sociedad a las empresas, Fink propone a cada compañía tener un propósito, el cual no debe ser sólo acrecentar sus ganancias. A ojos del gerente de BlackRock, éstas no son de ninguna manera incongruentes con el propósito empresarial. De hecho, agrega, las ganancias y el propósito están inextricablemente ligados. El propósito sería la fuerza que anima las acciones de la empresa para lograr sus ganancias.

Definir claramente un propósito orquestaría a gerentes, empleados y comunidades en un mismo afán, guiaría la cultura de la organización, atraería talento, iluminaría el proceso de toma de decisiones y, al final, daría sustento a beneficios financieros sostenibles a largo plazo.

De alguna manera, la mirada de Fink rima con la conocida parábola de los tres albañiles que respondían a la pregunta de qué hacían. Mientras el primero explicaba que apilaba ladrillos para recibir su jornal, el segundo levantaba una pared junto con sus compañeros y el tercero construía una gran catedral para que los feligreses encontrasen a Dios. Fink llama a las empresas a ser el tercer albañil definiendo claramente una visión que articule su estrategia y defina su objetivo a largo plazo. Una tarea fundamental especialmente para muchos gigantes empresariales que se han perdido en la complejidad de su escala.

Pero las cartas del gurú de BlackRock también se han prestado para activismos asociados a la coyuntura. En 2020, frente a multitudes manifestándose para reclamar acciones contra el cambio climático, Fink tituló su carta definiendo que el riesgo climático es un riesgo de inversión. Avizoró una refundación fundamental de las finanzas basada en la integración de consideraciones de sostenibilidad y ambientales en los criterios de inversión. Argumentó que integrar medidas de sostenibilidad y riesgo climático proveerían mejores resultados en términos de beneficios y riesgos a inversores. Sugirió que la nueva generación, la cual recibiría billones, es más consciente de estas consideraciones.

Además de hacer un llamamiento a todos los gobiernos, a todas las empresas y a todos los inversores a actuar contra el cambio climático, Fink amenazó con votar en contra de consejos y gerentes que no presenten suficientes iniciativas y compromisos ambientales. A su vez, promovió homogeneizar los indicadores de sostenibilidad y climáticos para facilitar la labor de los inversores a la hora de asignar su capital. En su carta de 2022, el gerente general se defiende escribiendo: «Nos enfocamos en sostenibilidad no porque seamos ambientalistas, sino porque somos capitalistas con un deber fiduciario con nuestros clientes».

Sin embargo, las ideas del mandamás de BlackRock se prestan a interpretaciones y confusiones. Su concepto es sofisticado y sutil. Por ello, ha debido aclarar, en su carta de 2022, que su propuesta no sería política ni ideológica. Ni tampoco *woke*, como se han tildado las acciones de movimientos sociales y políticos de izquierda. Sus ideas se han prestado a justificar la redefinición del deber fiduciario de consejos y gerentes, uno de los pilares del capitalismo empresarial. Muchos le atribuyen haber abierto las puertas a fuertes tensiones sobre políticas de diversidad y compromisos ambientales.

Si bien Fink no ha quedado al margen de las críticas, gran parte de sus aciertos están en condenar uno de los males que han aquejado a las sociedades anónimas listadas: el cortoplacismo de resultados. La obsesión de ejecutivos de sociedades anónimas listadas en bolsa con los beneficios de cada trimestre, que son observadas y seguidas con sigilo por los analistas de Wall Street, se han diagnosticado como un problema mayor. Se trata de un fenómeno en el que es tentador sacrificar relaciones con empleados, proveedores, clientes o comunidades para incrementar los beneficios a corto plazo, que muchas veces llevan asociados pagos de bonos a costa de la sostenibilidad de la empresa a largo plazo. Sin embargo, este fenómeno no es más que otra manifestación de costes de agencia del profesor Michael Jensen, donde los intereses de gerentes y accionistas se desalinean.

Por el contrario, Tim Buckley, CEO de Vanguard, ha sido menos políticamente correcto rechazando abiertamente los llamamientos de activistas, por ejemplo, a detener nuevas inversiones en compañías asociadas al petróleo y el gas. Buckley dijo estar determinado a proteger sus 30 millones de clientes y 8 billones de dólares de activos del riesgo climático, pero ello no implicaría terminar con sus inversiones en la industria de combustibles fósiles. «Vanguard no busca dirigir la estrategia de las compañías. Nosotros establecemos discusiones con las empresas sobre el cambio climático, les preguntamos sus objetivos y les pedimos que reporten cómo están mitigando los riesgos. Con esa transparencia nos aseguramos de que los riesgos climáticos sean integrados correctamente en los precios de mercado», agregó el CEO en una entrevista con el *Financial Times*. «Nuestro deber es maximizar el beneficio a largo plazo para nuestros clientes. El cambio climático es un riesgo material, pero no es el único factor en nuestra decisión de inversión. Ya estamos viviendo una crisis de pensiones que no debemos agravar por nuestras preocupaciones climáticas», agregó sin temor a las controversias.

La respuesta de Buckley guarda cierta consistencia con una de las críticas más fundamentales al ESG por parte de Aswath Damodaran, profesor de finanzas corporativas de la Universidad de Nueva York. El académico argumenta que integrar criterios de ESG a la hora de evaluar inversiones es inconsistente y fundamentalmente incoherente. Muchos inversores justifican aplicar criterios ESG debido a que las «buenas» compañías conseguirían mayores beneficios que las «malas» en razón de su sostenibilidad. Sin embargo, Damodaran recuerda que el precio de una acción ya considera toda la información disponible o gran parte de ella. Si el mercado ya integra la sostenibilidad en el precio de una acción, no será posible tener mayores beneficios, ya que el mercado los habría arbitrado. Por lo mismo, restringir el espectro de inversión a ESG sólo deprimiría los beneficios relativos de esas acciones y aumentaría el beneficio relativo de las empresas no ESG. Sería justamente la eficiencia del mercado la que haría incoherente justificar mejores carteras cuando éstas se restringen a invertir sólo en empresas asociadas a compromisos ESG. Como indicó el CEO de Vanguard, los riesgos climáticos u otros relacionados con ESG son un peligro más que hay que considerar dentro de la valoración de las compañías, cuyos precios, con el tiempo, reflejarán sus perfiles de sostenibilidad.

Damodaran ha sido un vehemente crítico de las propuestas de Larry Fink, insinuando que su verdadero propósito sería cobrar mayores comisiones en la administración de capitales sostenibles, una tendencia a la que cada vez más inversores se han estado sumando, ya sea por convicción o por el temor de dañar su preciada reputación.

El activismo del gurú de BlackRock le ha generado problemas a la compañía. Ha sido la única institución estadounidense en la lista negra de empresas que el estado de Texas identificó como agentes que buscan dañar la industria tejana de combustibles fósiles, empujando a sus instituciones y personas a alejarse de ellos. Paradójicamente, el vocero de la compañía respondió contra la medida arguyendo que BlackRock era el principal inversor en las petroleras tejanas.

En 2022, Vivek Ramaswamy, un emprendedor con un impresionante currículum, apasionado por el activismo político y precandidato presidencial por el Partido Republicano, lanzó su propia administradora de fondos pasivos, Strive Asset Management, con una novedosa propuesta comercial. Ofrece fondos indexados equivalentes a los de BlackRock, pero comprometiéndose a votar en contra de políticas ESG o *woke* como se las ha denominado. Define su misión en restaurar la voz de los ciudadanos comunes y corrientes en la economía estadounidense, promoviendo que las compañías se enfoquen en su excelencia en lugar de en la política. Invertir en la excelencia, dice su lema.

## 2.4.4. Inversores sostenibles: caminando sobre huevos

Los inversores institucionales no son ajenos a estas nuevas tendencias, incluidos los cuestionamientos sociales sobre su forma de actuar. Uno de los principales fondos de pensiones australianos sufrió una derrota legal frente a un joven de 23 años que lo acusaba de no proteger sus ahorros del riesgo de cambio climático al no incluir criterios ambientales en su política de inversión. En Europa, la predisposición del mundo financiero a la sostenibilidad incluso llevó al Banco Central Europeo a anunciar que excluiría los bonos de empresas «sucias» en la inyección de capital de su política monetaria.

Muchas de las grandes universidades estadounidenses tienen ahorros llamados *endowments*, donde administran las donaciones que reciben. Parte de sus rentabilidades sustentan gastos en investigación y becas, lo que les da sostenibilidad e independencia. Los administradores de estos *endowments* han sido presionados por parte de los estudiantes. En 2021, tras una década de presiones estudiantiles, el presidente de la Universidad de Harvard anunció que Harvard Management Company, el brazo de inversiones que maneja más de 50.000 millones de dólares de *endowment*, no realizará nuevas inversiones en proyectos relacionados con combustibles fósiles.

En Noruega, el debate político se ha incendiado varias veces cuando se ha intentado prohibir al fondo estatal de un billón de dólares invertir en empresas petroleras. Situaciones similares han ocurrido con fondos de pensiones, la Iglesia de Inglaterra, incluso el *family office* de los Rockefeller, en cuyos casos han cedido y excluido empresas vinculadas a combustibles fósiles de sus inversiones.

La presión que se está ejerciendo sobre los capitales para mostrar su compromiso con el cambio climático ha pasado de un pequeño nicho a magnitudes más relevantes. Como sin sostenibilidad no hay progreso, desarrollar inversiones sostenibles es sin duda un esfuerzo loable, pero requiere claridad en su aplicación para ser una contribución, lo que no ha sido necesariamente el caso y ha abierto flancos a estos impulsos.

Mientras los más entusiastas activistas ambientales se atribuyen haber bloqueado miles de millones de dólares de ser invertidos en compañías «sucias», Bill Gates —reconocido defensor de la causa ambientalista— tildó tales esfuerzos de ineficaces. «Desinvertir en combustibles fósiles tiene cero impacto climático», sentenció el filántropo. La afirmación de Gates tiene sentido por tres razones.

La primera es financiera. Asfixiar a las grandes empresas de energía es una ilusión. Los dividendos de Shell y Exxon están entre los más grandes del mundo. Cada una ha repartido anualmente una suma de casi 15.000 millones de dólares. La gigante Saudi Aramco comprometió un enorme dividendo anual de 75.000 millones de dólares en su listado en bolsa, que la convirtió durante un tiempo en la empresa con la capitalización bursátil más grande del mundo.

Si el activismo ambientalista busca deprimir el valor de las acciones petroleras cercenando el espectro de inversores, sólo hará más barato sumarse al club de los que reciben esos jugosos dividendos. Atractiva inversión para ahorradores que buscan mejorar sus pensiones.

De hecho, investigaciones del profesor de finanzas Aswath Damodaran han mostrado que las acciones «pecadoras», es decir, aquellas pertenecientes a empresas relacionadas con negocios «condenables» como tabacaleras, petroleras o de casinos, efectivamente han mostrado mayores costes de capital; no obstante, también han obtenido beneficios financieros más altos.

El segundo aspecto es moral. Los más exaltados desestiman a Gates arguyendo que no entiende el objetivo: deslegitimar a las empresas «sucias». Quitarles la licencia para operar bajo una imposición moral. Hay que ser cuidadosos. El cóctel de masas animadas, temas notorios y políticamente correctos puede sacrificar lo razonable por lo popular, haciendo un flaco favor al bienestar social. Nuevamente observamos fenómenos que pueden «estupidizar» la administración de capitales. Por lo demás, en términos de moralidad bien vale recordar la posición de Elon Musk: «Trabajar duro con el objetivo de producir bienes y servicios para nuestros camaradas humanos es profundamente bueno desde el punto de vista moral». Hay que tener cuidado cuando alguien se atribuye la potestad de catalogar como bueno o malo aquellos bienes demandados por la gente.

Esto conecta con la tercera razón, un baño de realismo. Siguiendo con nuestro ejemplo, el petróleo, el gas natural y el carbón suplen más de cuatro quintos de las necesidades energéticas del mundo. Tocan prácticamente todo en nuestras vidas. La densidad energética de estos combustibles los ha hecho un componente inigualable para energizar el planeta. Sin embargo, su disponibilidad es finita. Tenemos petróleo y gas para cincuenta años más con las reservas conocidas y sabemos que a largo plazo tendremos que abastecernos del sol, el viento y las mareas, pero mientras tanto debemos reconocer nuestras dependencias y entender que no podemos cambiar de un día para otro la infraestructura que alimenta el motor económico del mundo.

En el debate sobre el cambio climático, algunos proponen imponer límites al consumo de combustibles fósiles. Sin embargo, desechar estos recursos de un día para otro, reemplazándolos aceleradamente por energías renovables, implica costes muy altos, cuya cuenta, al final y como siempre, recae en las personas. Así, una sobrerreacción puede postergar ascensos en la calidad de vida de nuestra generación y, probablemente, también de las próximas.

En esta encrucijada se han entremezclado lo científico y lo político. Al fin y al cabo, toda distribución de recursos termina en política. Elocuente es ver cómo el mapa posiciona a los países en este debate global. Europa y China, principales precursores de la transición energética, acarrean los mayores déficits de energía. Ambos dependen del gas ruso y del petróleo saudí. Fuertes razones para acelerar la transición. Mientras, Estados Unidos logró un equilibrio energético, y en 2040 sería el principal exportador de combustibles fósiles.

Si uno cambia la matriz energética, modifica el equilibrio económico y político. Las energías renovables requerirán mayores extracciones de una serie de minerales escasos concentrados bajo influencia China. La transición energética requerirá metales raros, grafito, cobalto y litio. El gigante asiático alberga el 40 por ciento de las reservas de los primeros y el 25 por ciento del segundo. Luego, el 50 por ciento del cobalto se encuentra en el Congo, país que inauguró un nuevo Palacio del Congreso donado por Xi Jinping, y que junto con Chile acapara gran parte de las reservas de litio.

Más allá del ejemplo energético, debemos proteger nuestro preciado planeta y a las personas que aquí habitamos. Pero ello implica reflexionar, tomar perspectiva y realizar propuestas concretas, manteniéndose ajeno a iniciativas de bajo impacto generalmente impulsadas por fanatismos irresponsables o refriegas políticas.

Dentro de las tres aristas del ESG, la climática ha sido sin duda la de mayor prevalencia; sin embargo, las otras también han generado controversias. Por ejemplo, en 2021 se levantaron críticas a varios fondos de inversión que compraron bonos de

Bielorrusia, cuyo presidente había secuestrado un avión comercial para apresar a uno de sus opositores políticos. Atemorizados por la mala prensa, los fondos han justificado que su rol es conseguir los mayores beneficios, no juzgar quién ni dónde se han cometido abusos. Múltiples empresas se han apresurado a nombrar a mujeres y minorías raciales, especialmente la afroamericana, en sus consejos y equipos ejecutivos, frente a presiones de administradores de fondos que a su vez se han enfrentado a tensiones por sus compromisos con las políticas ESG.

Para los administradores de capitales ser o parecer el malo de la película puede arriesgar su negocio. El daño en la reputación puede ser letal. ¿Quién confiaría sus ahorros a una administradora en el patíbulo? Nadie quiere contagiarse con la peste de una mala reputación. Por ello, las tentaciones de ser y parecer políticamente correcto pueden ser muy relevantes.

Por otro lado, actuar estrictamente regido por lo políticamente correcto puede ser muy costoso, ya que limita las oportunidades de inversión. Al tomar posiciones sólo en las compañías que cumplen con el ser y parecer ESG los inversores se arriesgan a dilapidar beneficios financieros, los cuales son generalmente el principal mandato que les otorgan quienes les confían sus pensiones, seguros de vida o cualquiera que sea el uso de los recursos que sus clientes le den en el futuro.

## 2.4.5. Propiedad de los capitales y gobierno corporativo

Del mismo modo que la concentración de poder de gigantes administradores de fondos afecta al gobierno corporativo de las empresas, el tipo de propietario y sus motivaciones tienen implicaciones sobre cómo y quién toma decisiones fundamentales, entre ellas la definición del rol.

En medio de la crisis energética europea de 2022, el gobierno francés forzó a la empresa EDF (Électricité de France) a vender la energía generada por sus centrales nucleares a menores precios que los correspondientes de acuerdo con la normativa vigente. Un acto político para mitigar las fuertes alzas en las facturas de la electricidad, pero cuyo coste de aproximadamente 10.000 millones de euros afectó directamente las ganancias de la sociedad anónima listada en la Bolsa de París. El anuncio desplomó las acciones de EDF en casi un cuarto de su valor generando fuertes críticas entre los accionistas minoritarios.

El Estado francés, por sus prioridades políticas, forzó a una sociedad anónima a una gran pérdida económica mientras era también su principal accionista y controlador. Su imposición redefinió el rol de EDF, acercándola a una agencia de servicio público estatal en lugar de a una sociedad anónima que debe velar por el capital que sus accionistas le han confiado.

Seis meses después, el gobierno del presidente Emmanuel Macron anunció que lanzaría una oferta para hacerse con el cien por cien de la empresa, comprando el 20 por ciento en manos de inversores minoritarios. Inmediatamente se levantaron voces que hablaban de la renacionalización de la industria francesa y de las contradicciones de un presidente liberal como Macron nacionalizando compañías.

Sin embargo, la medida de Macron tan sólo muestra una tensión creada por su doble rol como regulador y accionista controlador de EDF. Cuando el Estado francés se hace con el total de la propiedad de una empresa considerada estratégica por su rol en la independencia energética de Francia, simplemente está compensando a sus socios minoritarios, quienes terminaron siendo perjudicados por los intereses políticos del socio principal. En medio de todo este embrollo, el consejo de EDF demandó al Estado francés, su principal accionista, cumpliendo con su rol de defender los intereses de la empresa y de todos sus accionistas.

No hay duda de que el tipo de controlador define el gobierno corporativo y, en último término, la forma de actuar de una determinada compañía. El gobierno corporativo, es decir, la manera como se articulan las responsabilidades, decisiones y jerarquías entre accionistas, consejos y ejecutivos, cambia según la estructura de su propiedad y los objetivos de sus propietarios. Si bien Gazprom, Rosneft, Saudi Aramco, Total, Shell y ExxonMobil son todas empresas energéticas, su forma de proceder y sus objetivos son sumamente distintos, en gran medida debido al tipo de accionista que posee su patrimonio. Shell —con sus acciones listadas en la Bolsa de Londres y Ámsterdam— es muy distinta de Saudi Aramco o Gazprom, controladas por los Estados saudí y ruso, respectivamente. Tener un variopinto y atomizado grupo de inversores, caracterizados por fondos de pensiones o fondos mutuos occidentales, o ser controlada por el príncipe Mohamed bin Salmán o Vladímir Putin crea profundas diferencias en la concepción sobre el rol de la empresa.

Mientras Shell y ExxonMobil enfrentan presiones para reducir sus emisiones de carbono y probablemente sus negocios de combustibles fósiles, empresas como Aramco y Gazprom preparan grandes planes de inversión para incrementar su producción, ya que se han fortalecido con una menor competencia occidental.

En la industria automovilística alemana encontramos otro ejemplo interesante sobre los contrastes que generan diferentes estructuras de propiedad. En la exuberancia de anuncios por compromisos con el coche eléctrico, empresas automovilísticas tradicionales como Mercedes-Benz y General Motors han sido muy avezadas en sus metas para producir vehículos eléctricos, plasmando su compromiso con el medioambiente e intentando llevarse parte del entusiasmo que ha levantado a niveles increíbles la valorización de las acciones de Tesla. Por otro lado, grupos como BMW, Stellantis —dueños de Peugeot, Citroën, Fiat y Chrysler, entre otros— y Toyota han mostrado actitudes más conservadoras respecto a la velocidad de la adopción de vehículos eléctricos y reticentes a realizar anuncios rimbombantes.

Una interpretación interesante para explicar estos contrastes propone que Mercedes-Benz y General Motors, al no tener accionistas de referencia —es decir, que gran parte del poder se concentra en sus gerentes—, serían más propensas a promesas grandilocuentes a largo plazo, pues es poco probable que los ejecutivos que realizan estos anuncios estén ahí el año 2030.

Por otro lado, gran parte de las acciones de BMW están en manos de las familias Quandt y Klatten. Del mismo modo, las familias Agnelli y Peugeot están detrás de Stellantis. Y Toyota está dirigida por un descendiente de su fundador. La estructura de la propiedad de estas empresas probablemente las hace menos propensas a la exuberancia de anuncios y más conservadoras en sus compromisos a largo plazo, ya que probablemente estas familias aún serán parte de estas compañías. Nuevamente, vemos cómo las grandes decisiones de las empresas están determinadas por su estructura de propiedad, el perfil de los accionistas de referencia y su influencia en el gobierno corporativo.

Los grupos empresariales familiares tienden a fijar un sello a sus empresas con mayor foco a largo plazo y una mayor estabilidad en sus decisiones, un contraste relevante con el cortoplacismo que aqueja a algunas de las sociedades anónimas listadas, que pueden hipotecar sus metas a largo plazo para cumplir con sus objetivos a corto plazo. Por otro lado, las transiciones generacionales de estos grupos familiares también crean riesgos, pues sus liderazgos pueden pasar a manos de parientes que no cuentan necesariamente con las competencias idóneas que caracterizaron a las generaciones anteriores que formaron el patrimonio familiar.

El gobierno corporativo de las empresas controladas por fondos de inversión privados también tiene sus fallos. Si bien en un comienzo su modelo crea las bases para realizar transformaciones profundas que generalmente crean valor, el plazo de inversión de la gran mayoría de estos inversores es limitado y ronda los cinco años. Hacia el final de este período, el objetivo de la administración y los accionistas se centra en la venta de la empresa, lo que también puede hipotecar el futuro de la compañía, pues muchas decisiones relevantes adquieren menor importancia frente al hecho de maximizar el precio de venta que determinará la rentabilidad para el fondo, generalmente asociada a una compensación relevante para los gerentes.

Los casi 400 billones de dólares de activos financieros globales se reparten en manos muy distintas. Fondos de pensiones, fondos soberanos, compañías de seguros, fondos de universidades, familias muy ricas y los ahorros de millones de familias comunes y corrientes. Sus perfiles pueden ser tan sofisticados como simples. Entre los primeros encontramos, por ejemplo, a los fondos de pensiones canadienses que realizan grandes inversiones directas en infraestructura o fondos soberanos como el de Singapur o Catar, este último propietario del equipo de fútbol Paris Saint-Germain. Este tipo de inversores más sofisticados confían sus capitales a diestros *hedge funds* y fondos de *private equity*. Por otro lado, otros con perfiles más simples equilibran sus fondos entre bonos y acciones o meramente confían sus capitales a fondos mutuos o pasivos para seguir el mercado.

El perfil de los inversores, su período de inversión y su aversión al riesgo determinan sus criterios de inversión, los cuales, agregados a la estructura de propiedad de empresas, pueden terminar afectando a sus decisiones y prioridades. No obstante, el principio fundamental del mercado de capitales —que rige indefectiblemente a todo tipo de inversores y empresas— es la búsqueda de beneficios financieros ajustados al riesgo de sus posiciones en un determinado plazo.

Cuando el capital fluye hacia las mejores oportunidades a largo plazo, el progreso aparece. Los beneficios financieros vienen asociados a la mejora en la producción de bienes y servicios anhelados por la sociedad. Al desarrollo de innovaciones que mejoran nuestras vidas. A la creación de nuevos empleos y centros productivos. A mayores eficiencias en la forma de organizar el capital y las personas. Y a la corrección de los costes de agencia vinculados a los puntos anteriores. Por el contrario, cuando el capital no retribuye frutos es porque los recursos se dilapidan, malgastando oportunidades.

Hay una anécdota sobre un viaje que realizó Milton Friedman a la China de Mao Zedong en el que visitó las obras para construir un canal. Al preguntar por el ineficiente uso de personas con palas en lugar de tractores para mover la tierra, un funcionario estatal chino explicó que ése era un programa de empleo. «En ese caso, denles cucharas en lugar de palas», respondió Friedman.

La asignación eficiente de recursos es una de las funciones más relevantes del sistema económico y una de las diferencias más fundamentales entre el capitalismo y sus alternativas de decisión centralizada. La definición del rol de la empresa, su propósito, sus compromisos con objetivos de sostenibilidad, sus indicadores de desempeño y los incentivos a sus gerentes definen gran parte de la asignación de capital, tanto dentro de las empresas como en el mercado de capitales, los cuales determinan el funcionamiento de la economía. Estos mecanismos no están exentos de conflictos de intereses, que pueden hipotecar la eficiencia del sistema. La competencia entre distintos tipos de propietarios, gobiernos corporativos, definiciones del rol y sentido empresarial, por recursos —ya sean empleados, capitales, clientes o comunidades— es la mejor receta para asegurar la adaptación del sistema empresarial y la asignación de capital a los cambios de nuestra sociedad y a sus necesidades futuras. Bajo la competencia de múltiples alternativas, los distintos gobiernos corporativos, con sus respectivas virtudes y defectos, como los costes de agencia, se controlan entre ellos, asegurando que el sistema económico no sea capturado por unos pocos y sirva de la mejor manera a las necesidades de la gente.

# 3

## ¿Hacia dónde vamos?

La libertad puede ser un gran aliado del futuro y un salvavidas para navegar en las turbulentas aguas que se avecinan para la empresa del mañana. Se trata de un valor básico y frágil, pero que —fortalecido y resguardado— es el puente necesario para que cada empresa, tensionada por las actuales exigencias de la modernidad, decida y proponga transparentemente su rol.

Actualmente, las noticias de los medios de comunicación son el fiel reflejo de la confusión en que se ha sumido el mundo de la empresa. Disputas públicas entre ejecutivos y políticos. Tensiones entre accionistas, consejos y gerentes sobre mayores exigencias a la empresa. Aventuradas opiniones de ejecutivos en áreas que les son ajenas. Taxonomías de las actividades económicas impuestas por gobiernos. Compromisos medioambientales, sociales y de gobierno (ESG) con métricas carentes de sentido. Administradores de fondos haciendo de activistas ambientales. Operaciones amenazadas por letales sentencias judiciales. Gerentes despedidos por *greenwashing*. Otros por escándalos personales. Consejos aterrados por quedar en la vereda contraria a lo políticamente correcto. Protestas e incertidumbres por el futuro de las pensiones. Y nada avizora que estos conflictos disminuirán en el tiempo.

En el centro de este aparente caos se ubican los interrogantes sobre el rol de la empresa. El debate, muchas veces superficial, amenaza con afectar el futuro de nuestra sociedad, ya que puede erosionar el frágil y dinámico equilibrio que sostiene al progreso: la creación destructiva del sistema empresarial para servir mejor a las crecientes y cambiantes necesidades de la gente.

Son tres los factores principales que amenazan a la empresa en pleno siglo XXI.

Primero, el maniqueísmo empresarial que separa a las compañías, y a sus actividades económicas, entre «buenas» y «malas». Estas miradas carecen del realismo necesario para el buen funcionamiento de la economía y son incapaces de capturar la complejidad de la modernidad. Es el riesgo de la «estupidización» del sistema empresarial.

Segundo, la imposición centralizada de una determinada concepción del rol de la empresa por parte de los Estados, sus gobiernos, sus reguladores o los tribunales. No se puede encomendar el progreso a las ideas de los políticos, funcionarios o jueces de turno. Ya es difícil saber cuáles serán las necesidades de la sociedad, más aún determinar cómo servirlas.

Tercero, los mayores costes de agencia que separan a las compañías de sus «propietarios» finales, la gente, especialmente cuando se toman decisiones fundamentales como el rol empresarial, en las que los múltiples conflictos de intereses son difíciles de controlar y manejar.

Sólo la competencia entre diversas propuestas asegurará la correcta adaptación del sistema empresarial a las necesidades de las personas. Por cierto, el énfasis en compromisos ESG, la definición de un propósito o incluso el privilegio de otros actores involucrados por encima de los accionistas serán aristas de esta decisión.

Algunas compañías acertarán y otras no. Las primeras crecerán, mientras las segundas desaparecerán si no logran enmendar su camino. La debilidad de cada empresa será la fortaleza del sistema empresarial. Aquellas compañías cuyo rol haya sido capturado por sus costes de agencia perderán terreno frente a sus competidores y de nuevo será la competencia el mejor aval del sistema.

En este frágil equilibrio del ecosistema empresarial no sólo se debe asegurar la libertad de cada empresa, sino también la de las personas. Una libertad real, informada y en conciencia, en sus decisiones como consumidores, empleados, inversores, vecinos y ciudadanos. Serán estas deliberaciones las que asegurarán la adaptación del rol empresarial en su competencia por recursos. Porque no hay empresa sin clientes, sin empleados, sin accionistas, sin vecinos ni apoyo ciudadano.

En respuesta al maniqueísmo empresarial que atenta contra estas libertades, se debe seguir el consejo de Karl Popper: esto es ser intolerantes con los intolerantes. La mejor defensa contra la «cancelación» de personas, compañías y liderazgos es establecer un debate claro, transparente y racional que diluya las emociones, consignas y ataques.

Ante los afanes del Estado por intentar hacer el bien por decreto, centralizando decisiones complejas e inciertas, también se debe actuar con recelo.

Es muy peligroso hacer dogmas con las creencias de unos pocos. La convivencia entre diferentes alternativas es lo que ha caracterizado el éxito del sistema de libre mercado. Las múltiples convicciones compiten entre sí, sin dar por sentado ganadores ni perdedores, sino dejando que aparezcan por sí mismos. Por lo demás, merece la pena tener en cuenta el respeto al intercambio voluntario entre dos partes, en el que rara vez una intervención se justifica, y dejar que la «mano invisible» actúe en aras de la sociedad. Se debe confiar en la gente, en el «nosotros», por encima de la voz de unos pocos, sean servidores públicos o aquellos prestos a imponer su visión. Pero tampoco la sociedad se debe entregar ciegamente a las propuestas de las compañías. El uso de la libertad de las personas debe enriquecer una robusta sociedad civil y un buen gobierno corporativo, capaz de exigir y monitorear los conflictos de intereses que deben manejar los distintos actores ubicados entre las operaciones de las empresas y la gente, sus propietarios últimos.

Mientras tanto, los debates y tensiones continuarán. Si bien es necesario seguir reflexionando sobre cómo deben interactuar las diferentes propuestas de las empresas, también se debe ser humilde y respetar las elecciones de los otros. Al mismo tiempo, ser cautos con quienes proclamen haber encontrado el mejor modelo para la definición del rol y sentido empresarial. Probablemente, existan diversas soluciones para distintas circunstancias. Al final, el tiempo dirá cuál es —si es que hay una sola— la receta ganadora.

Bajo esta óptica, lo paradójico es que las propuestas de Larry Fink no son excluyentes con las de Milton Friedman. El gurú de BlackRock propone que la definición de un propósito empresarial, los compromisos con el ESG y un capitalismo de *stakeholders* es la mejor manera de acrecentar los beneficios de la empresa a largo plazo. La receta de Fink simplemente sería, bajo sus convicciones, la manera de incrementar las ganancias de la empresa y los beneficios de los accionistas, justamente el rol general que define el profesor de Chicago.

Por otro lado, a aquellas operaciones no sostenibles con el tiempo se les acabará la fiesta. Los abusos terminan cuando clientes, empleados, proveedores y la comunidad privilegian otras alternativas, tal como sucedió con Nike cuando la movilización de la sociedad civil la obligó, dejando lecciones a su industria, a corregir sus prácticas o desaparecer.

La sostenibilidad es fundamental para asegurar la supervivencia de las empresas. No hay dudas al respecto. Por lo mismo, los extremos pueden causar estragos en la definición del rol y en la medida justa de sostenibilidad. Para ello se requiere criterio y buen juicio, los cuales son determinantes para el manejo empresarial.

La academia aún está cayendo en la cuenta de estos cambios, e intentando explicarlos. En 2022, el premio Nobel Oliver Hart junto con Luigi Zingales, en su trabajo *The New Corporate Governance*, sostienen que el nuevo interés de los accionistas en temas de sostenibilidad se explicaría por la maximización de su bienestar, en lugar de la utilidad de cada una de sus empresas. Ellos les otorgarían un valor a las externalidades de la forma de actuar empresarial que afecte, por ejemplo, la calidad del medioambiente, el buen funcionamiento de las democracias y la mejora en las formas de vida. No sólo considerando cómo los perjudica personalmente, sino también el impacto sobre su cartera de inversiones. Una idea interesante que enriquece el debate para entender mejor el entuerto en que se encuentra el sistema empresarial.

Más allá de las opiniones actuales sobre el rol y el sentido empresarial, será la competencia entre diferentes alternativas lo que develará ganadores y perdedores en la creación de valor a largo plazo, no sólo para accionistas sino para la sociedad, confirmando el rol de la empresa como pieza fundamental para el progreso conquistado por la creación destructiva.

Para que todo esto suceda, hay una condición fundamental. Dado que las disyuntivas empresariales se enmarcan en el tipo de sociedad y capitalismo que queremos formar, es perentorio que cada uno de nosotros se forme una clara convicción y actuemos conforme a ella, respetando la diversidad de opiniones.

Cada vez que compramos un producto de una determinada compañía, establecemos una opinión sobre el sistema. Cuando invertimos nuestros ahorros de una determinada manera, con un cierto administrador de fondos o directamente en empresas, apoyamos ciertos principios afines a nuestro interés individual. Cuando trabajamos en una determinada empresa también nos identificamos con una serie de valores y principios. Cuando tomamos decisiones en nuestro trabajo, en nuestra casa o con nuestra comunidad, afectamos el entorno que vamos construyendo. Nuestros múltiples roles como consumidores, empleados, inversores, vecinos y ciudadanos no están escindidos unos de otros, y en su consistencia podemos empujar la mejor adaptación del sistema empresarial al futuro que queremos. Eligiendo entre múltiples alternativas, de acuerdo con nuestras convicciones, contribuimos para crear una mejor sociedad. Informar de esas convicciones del tipo de empresa y sistema de libre mercado que queremos alcanzar es justamente el propósito de este libro.

## 3.1. En busca de un propósito

No es fácil definir el propósito de una empresa. Incontables compañías se han embarcado en la definición de su propósito. Los consejos de administración han organizado largas sesiones estratégicas, o las direcciones han retenido consultores para brindar propuestas que sean atractivas y simples al mismo tiempo. Otras, en cambio, han mantenido extendidos diálogos con sindicatos o grupos de trabajadores, realizado encuestas y levantado su historia para elucubrar sobre qué es aquello que define su razón de ser.

Estos esfuerzos, si bien loables, muchas veces han estado cargados de la confusión prevalente en el mundo de los negocios. En ocasiones, el esfuerzo se ha centrado en definir un propósito «bueno», una prueba de cómo la empresa contribuye a «salvar el mundo». Otras veces, no ha sido más que un ejercicio de marketing para testar cómo hacerla más atractiva entre sus competidores. Muchos de estos procesos no han sido ajenos a la frustración de consejeros, directivos y empleados, inclinados a desdeñar la definición de un propósito al ver la liviandad y contradicciones de estos esmeros.

Cuando tales confusiones son prevalentes, no es de extrañar que se malinterprete también la sostenibilidad como el mero cumplimiento de indicadores ciegos o compromisos populares. Así sucede que las empresas comienzan a «practicar ESG», haciendo esfuerzos por ganar puntos para subir en los rankings, distrayéndose de su verdadero propósito.

Nada de lo anterior guarda relación con la visión de hacer de las compañías las mejores versiones de sí mismas para servir a la sociedad. Nada de lo anterior tiene un vínculo con la verdadera razón de ser de cada empresa.

Uno de los problemas que aquejan a éstas es la distancia entre sus liderazgos y el día a día con las personas que los rodean: clientes, empleados, proveedores y comunidades.

El verdadero salto cualitativo viene de transformar a las empresas en su mejor versión para las personas por quienes trabajan. Ello implica una meridiana definición de su propósito, sin trucos de marketing, sino conectada con lo que la organización realmente hace, basada en un conocimiento directo de *cómo* la compañía actúa con sus actores.

Para una buena definición del propósito, hay que partir de preguntarse: ¿por qué la empresa existe? ¿Qué necesidad o problema de la gente dio origen a que se articularan personas y capitales para resolverlo? Cuando la organización, sus liderazgos y sus colaboradores entienden el trabajo que deben hacer para servir a las personas por las que trabajan sucede que entienden realmente cómo comprometerse seria y responsablemente con su entorno, en lugar de envalentonarse con compromisos que muchas veces tienen poco o nada que ver con su propósito.

Intentar quedar bien con todos, por el contrario, generalmente empaña el verdadero propósito de las empresas y las desorienta de aquello en lo que realmente deben enfocarse para servir bien a la sociedad.

Es una lástima, pues desvirtuar la sostenibilidad y el aporte de éstas a la sociedad puede generar un profundo daño a la confianza, tan necesaria para los desafíos que debemos afrontar para mejorar el sistema económico-social de nuestras democracias.

La manera fundamental para ganar este compromiso de la sociedad es que las empresas hagan muy bien lo que les compete, aquello que justifica su existencia, aquello que las personas a quienes sirven esperan de ellas. Al hacerlo bien, tan bien como sea posible, fortalecen su legitimidad social al cumplir cabalmente con las verdaderas expectativas que la gente tiene de ellas.

Las empresas son instituciones sociales que, aunando personas y capital, solucionan algún problema de la sociedad, proveyendo bienes o servicios requeridos por la gente. Ahí yace su propósito, el cual debe orientar sus decisiones sobre cuándo, cómo y por qué actuar frente a las múltiples demandas de sus incumbentes. Las mayores demandas de la sociedad a las compañías no amainarán. Por ello, para los consejos de administración y las direcciones es importante contar con una brújula que oriente cuándo deberían involucrarse en aspectos más allá del ámbito tradicional de sus operaciones. Una buena regla para zanjar tales dilemas es juzgar si acaso la incumbencia está circunscrita al problema que la compañía busca resolver para la sociedad y que justifica su existencia. La verdadera sostenibilidad es una relación mutuamente positiva a largo plazo entre todos los actores. Y, al fin y al cabo, no hay empresa que sobreviva sin clientes, empleados, proveedores, comunidades, ciudadanos o accionistas.

Una gestión basada en la creación de valor a largo plazo se sostiene en esos principios de sustentabilidad más que en indicadores impuestos por la agencia de *rating* o por el regulador de turno. Y para arbitrar en las múltiples disyuntivas en las que las empresas están siendo tironeadas para inmiscuirse, una correcta definición de *un propósito* es una herramienta concreta para evitar *los despropósitos* que pueden entorpecer la verdadera contribución a la sociedad.

Cuando las compañías y sus gobiernos corporativos se alinean en una clara definición de su estrategia, de sus operaciones y de sus recursos, se despejan las confusiones abriendo el camino para la creación de valor a largo plazo y el éxito en su relación con las personas a quienes están llamados a servir.

# Bibliografía

## Libros

Acemoglu, Daron, y Robinson, James A., *El pasillo estrecho*, Ediciones Deusto, Barcelona, 2019.

Burrough, Bryan, y Helyar, John, *Barbarians at the Gate: The Fall of RJR Nabisco*, Harper Business, Estados Unidos, 1989.

Chandler Jr., Alfred D., *The Role of Business: A Historical Survey*, Oxford University Press, Reino Unido, 1996.

—, *The Visible Hand: The Managerial Revolution in American Business*, Harvard University Press, Estados Unidos, 1977.

Cohan, William D., *Power Failure: The Rise and Fall of an American Icon*, Portfolio, Estados Unidos, 2022.

Cox, Roger, *Revolution Justified: Why Only the Law Case Can Save Us Now*, Stichting Planet Prosperity, Estados Unidos, 2011.

Diamond, Jared, *Crisis: Cómo reaccionan los países en los momentos decisivos*, Debate, Barcelona, 2019.

Edwards, Sebastian, *American Default: The Untold Story of FDR, the Supreme Court, and the Battle over Gold*, Princeton University Press, Estados Unidos, 2019.

Fama, Eugene F., y Michael C., Jensen, «Separation of Ownership and Control», *The Journal of Laf & Economics*, 26 (2), 1983, pp. 301-325.

Fontaine Aldunate, Arturo, *Los economistas y el presidente Pinochet*, Zig-Zag, Chile, 1988.

Fox, Justin, *The Myth of the Rational Market: A History of Risk,*

*Reward, and Delusion on Wall Street*, Harper Business, Estados Unidos, 2011.

Friedman, Milton, *Capitalismo y libertad*, Ediciones Deusto, Barcelona, 2022.

Friedman, Milton, y Friedman, Rose, *Libertad de elegir*, Ediciones Deusto, Barcelona, 2022.

Friedman, Milton, y Schwartz, Anna, *A Monetary History of the United States, 1867-1960*, Princeton University Press, Estados Unidos,1963.

Friedman, Thomas, *The World is Flat*, Farrar Straus & Giroux, Estados Unidos, 2005.

Gerstle, Gary, *The Rise and Fall of the Neoliberal Order*, Oxford University Press, Reino Unido, 2022.

Greenspan, Alan, y Wooldridge, Adrian, *Capitalism in America: A History*, Penguin Press, Estados Unidos, 2018.

Hayek, Friedrich, *Camino de servidumbre*, Alianza Editorial, Madrid, 2011.

Henderson, Rebecca, *Reimagining Capitalism in a World on Fire*, PublicAffairs, Estados Unidos, 2020.

Immelt, Jeff, *Hot Seat: Hard-won Lessons in Challenging Times*, Hodder Paperbacks, Reino Unido, 2021.

Kuhn, Thomas, *La estructura de las revoluciones científicas*, Fondo de Cultura Económica, México, 2016.

Levinson, Marc, *The Box: How the Shipping Container Made the World Smaller and the World Economy Bigger*, Princeton University Press, Estados Unidos, 2006.

Lo, Andrew, *Adaptive Markets: Financial Evolution at the Speed of Thought*, Princeton University Press, Estados Unidos, 2017.

Milanović, Branko, *The Haves and the Have-Nots: A Brief and Idiosyncratic History of Global Inequality*, Basic Books, Estados Unidos, 2012.

Murray, Douglas, *La masa enfurecida: Cómo las políticas de identidad llevaron al mundo a la locura*, Ediciones Península, Barcelona, 2020.

Rachman, Gideon, *La era de los líderes autoritarios*, Crítica, Barcelona, 2022.

Rajan, Raghuram, *The Third Pillar: How Markets and the State Leave the Community Behind*, Penguin Books, Estados Unidos, 2019.

Rand, Ayn, *El manantial*, Ediciones Deusto, Barcelona, 2019.

—, *La rebelión de Atlas*, Ediciones Deusto, Barcelona, 2019.

Rodrik, Dani, *Straight Talk on Trade: Ideas for a Sane World Economy*, Princeton University Press, Estados Unidos, 2017.

—, *The Globalization Paradox-Democracy and the Future of the World Economy*, Priceton University Press, Estados Unidos, 2011.

Sen, Amartya, *Identidad y violencia: La ilusión del destino*, Katz Editores, Madrid, 2022.

Smil, Vaclav, *How the World Really Works: The Science Behind How We Got Here and Where We're Going*, Viking, Estados Unidos, 2022.

—, *Numbers Don't Lie: 71 Things You Need to Know About the World*, Penguin, Estados Unidos, 2020.

Soltes, Eugene, *Why They Do It: Inside the Mind of the White-Collar Criminal*, PublicAffairs, Estados Unidos, 2016.

Taylor, Frederick, *Los principios de la administración científica*, autopublicado, 2022.

## Artículos de prensa y otros

Brooks, David, «The nuclear family was a mistake», *The Atlantic*, marzo de 2020, <https://www.theatlantic.com/magazine/archive/2020/03/the-nuclear-family-was-a-mistake/605536>.

Cox, Roger, «Climate litigator», *Financial Times*, diciembre de 2021.

Damodaran, Aswath, «Sounding good or doing good? A skeptical look at ESG», Musing on Markets, septiembre de 2020, <http://aswathdamodaran.blogspot.com/2020/09/sounding-good-or-doing-good-skeptical.html>.

—, «The "Goodness" gravy train rolls on», Musing on Markets, septiembre de 2021, <https://aswathdamodaran.blogspot.com/2021/09/the-esg-movement-goodness-gravy-train.html>.

Fink, Larry, «Carta anual a los CEO», 2019, 2020, 2021 y 2022.

Friedman, Milton, «The social responsibility of business is to Increase its profits», *The New York Times Magazine*, 13 de septiembre de 1970, <https://www.nytimes.com/1970/09/13/archives/a-friedman-doctrine-the-social-responsibility-of-business-is-to.html>.

Haidt, Jonathan, «Why the past 10 years of American life have been uniquely stupid», *The Atlantic*, 11 abril de 2022, <https://www.theatlantic.com/magazine/archive/2022/05/social-media-democracy-trust-babel/629369>.

Wells, Harwell, «The Purpose of a Corporation: A Brief History», *Temple 10-Q*, <https://www2.law.temple.edu/10q/purpose-corporation-brief-history/>.

«Is Aswath Damodaran right in his crtiticism of ESG?», *Morningstar*, 24 de septiembre de 2021, <https://www.morningstar.in/posts/64 948/sustainable-investing-managing-risk-not-goodness.aspx>.

«Container shipping: The next 50 years», McKinsey, octubre de 2017.

«Statement on the purpose of a corporation», *Business Roundtable*, 2019.

Impreso en Huertas Industrias Gráficas, S. A.
Polígono Industrial El Palomo, nave 21
28946 Fuenlabrada (Madrid)